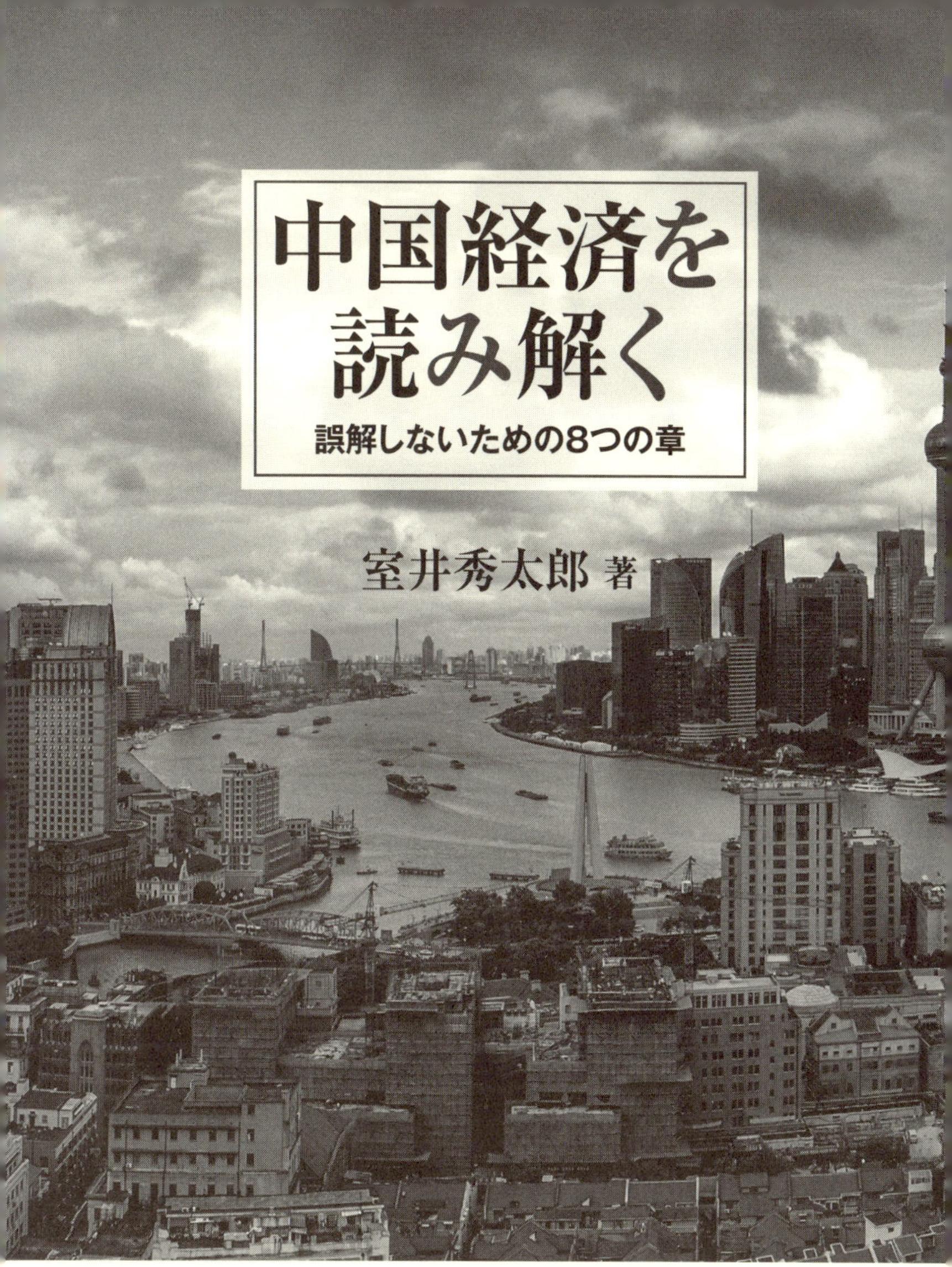

中国経済を読み解く

誤解しないための8つの章

室井秀太郎 著

文眞堂

まえがき

日本人の中国経済に対する見方は極端ではないだろうか。中国経済が高成長を続けている時には、中国の未来はばら色であるかのように言っていた人が、中国景気が低迷してくると、手のひらを返したように、中国に未来はないかのように言う。そこには、中国経済に対する定見がない。

日本人は、中国経済が移行経済であることを、よく認識していないのではないだろうか。中国が１９９０年代に「社会主義市場経済」という、矛盾に満ちたスローガンを掲げて、本格的に市場化に乗り出してからまだ四半世紀しか経っていない。中国が目指す市場経済は資本主義の市場経済とはイコールではないし、市場化を目指しながら、十分に市場化されていないところもある。

資本主義の象徴である株式市場は、中国にも存在する。しかし、その成り立ちは資本主義国とかなり異なる。改革開放の過程で、いかにして企業の経営を効率化するか、という命題に取り組む中で、株式制度の採用がひとつの答えとして浮かび上がった。株式会社が増える中で、株式を取引する需要が生まれ、社会主義中国に証券取引所が誕生した。

ところが、上場企業を選ぶ段階になって、極めて中国的な手法が採用された。地方政府に上場企業の枠を割り当てたのである。その結果、地方政府は効率が悪い地方の国有企業を救済するために株式市場を利用した。こうして株式市場は成長性のある企業を育てる場ではなく、赤字企業を救済する手段になったのである。

日本など西側諸国にも一定の地方分権は進んでいる。しかし、西側諸国では、一国の経済運営の方針に地方政府がまったく従わないことなど、考えられないであろう。国土が広く、ひとつの省の面積や人口が欧州の一国に相当する中国では、地方政府があの手この手を使って、中央政府の方針に反しながら、地元の利益だけを優先するようなことは日常茶飯事である。

中国では、自治体にしても、企業にしても、すべての単位で共産党が上に立っている。経済運営では、共産党の決めた目標は絶対視される。共産党の一党支配の下で、中国には日本や欧米のような選挙がないので、共産党の政策が誤っていても、選挙を通じて国民が違う政治体制を選ぶことはあり得ない。共産党の掲げる経済成長目標は、本来、達成されるべきものなのだが、近年、労働力人口の減少を背景にした潜在成長率の低下によって、中期的な目標達成が不透明になる、という現実に直面している。その結末は、貿易や投資を通じて中国と密接な経済関係を築いている日本にも少なからず影響する。

中国経済の仕組みが西側とは大きく異なることや、移行経済の過程で中国がたどってきた道のりを理解すれば、中国の直面する問題や、それに対して中国政府や共産党が採っている政策もよりよく分かるであろう。

中国経済は理解が難しいのではない。面白いのである。本書が中国経済をよりよく理解し、中国経済を面白く感じてもらうためになれば、幸いである。

２０１６年11月10日

著　者

中国経済を読み解く　目次

第4章　うさんくささが拭えない市場経済……57

第5章　危うい共産党支配……77

第1章

競争すれば豊かになる

■「東京都庁に五星紅旗が立つ」

筆者は1987年秋から3年間、日本経済新聞社の北京と上海の駐在記者として勤務した。上海での勤めを終えて、帰国を間近にしていた時、ある日系商社の駐在員の方と昼食を共にした。その時、その方が語っていた言葉が忘れられない。

「これだけの人口が、今は適当に働いているからいいんですよ。これが一生懸命働いたらどうなりますか。東京都庁に五星紅旗が立っちゃう」。

「東京都庁に五星紅旗が立つ」という譬えが面白いな、と思いながら、その趣旨に共感したのを覚えている。

と言うのは、80年代の後半は、中国が鄧小平氏のリーダーシップの下に改革開放に踏み切って以来、10年近くが経っていた。しかし、中国社会にはいまだ「親方五星紅旗」の気風が抜けず、人々は競争よりも現状維持を好んでいるように見えた。

北京に赴任して間もないころ、日系商社の代表の方を訪ねたことがあった。約束の時間より少し早く着いたので、ソファーに腰掛けてその方を待っていると、電話が鳴る。受話器を取った中国人のスタッフが中国語で「その人はいない。明日、もう一度電話してください」と言って電話を切った。しばらくして外出先から戻った代表の方が、筆者に「お待たせしました」と挨拶されると、そのスタッフに「何か電話はあったか」と聞く。「ありました」「誰からだ」「分かりません」というやり取りが続く。代表の方は筆者に「これですからね」と深いため息を漏らした。

電話をかけてきた人の名も確認しないスタッフに給与を払いながら、現地でのビジネスを進めなければならないご苦労を大変だなと思いつつ、当時の中国人社会がいかに「のんびり」しているかをしみじみと実感した。

■土間に古い設備が置かれた「選ばれた」企業

3年間の中国駐在中に、中国各地の企業を取材した。自分で見たい企業に取材を申し込むこともあるが、多くは地方政府の招待による旅行であった。こうした場合、取材対象になっている企業は、中国側が外国記者に見せたいと思う、いわば「選ばれた」企業であるはずであった。

しかし、ほとんどの企業が、整備されたとは言えない環境で、設備も古いものを使い、従業員は忙しく働いているというよりは、「ぶらぶらしている」という印象のところがほとんどであった。まず、生産現場の床はコンクリートの上に塗料が塗られたきれいなものではなく、大多数の企業で、土間であった。その上に機械が配置され、原材料や中間製品は機械の間に乱雑に置かれている。従業員は外国記者が来たというのに、生産に励んでいるというよりは、世間話をしていたり、所在無げにしている。「これが、わざわざ外国人に見せたい企業なのか」という印象がどこでもあった。

つくっている製品も、高い技術が必要なものではなく、どこでもつくることができるようなものが多かった。武術の里として知られる河北省の滄州というところが、初めて外国記者に開放されたというので行って見たことがある。見学したのは、飼料を入れる袋をつくる工場だった。非常に単純な工程で、町工場というより、村の工場という感じであった。しかし、説明をしてくれる地元の案内人の話からは、この工場が存在していることへの誇りのようなものが感じられた。

東北地方を取材した時、吉林省の省都である長春に立地する「第一汽車」（汽車は中国語の自動車）の工場を見学した。第一汽車は現在、トヨタやフォルクスワーゲン（ＶＷ）などと合弁して乗用車も生産している。当時、長春の工場は「解放」ブランドのトラックを生産していた。このトラックは中国各地で使用されていたが、長年モデルチェンジされておらず、非常に古いモデルだった。

長春の工場では鋳物もつくっており、工場の規模は大きかった。しかし、見せてもらったトラックの組み立てラインは、それまで見てきた小規模な工場と同様、土間に機械が置かれており、ベルトコンベアもなかった。男性にまじって女性の従業員も目立ったが、清潔なユニフォームではなく、油で汚れた「菜っ葉服」のような服装の彼らは、手持ち無沙汰で、工場の生産性はとても低いように感じられた。

■「ゆりかごから墓場まで」面倒を見た計画経済

中国は70年代末に改革開放に踏み切るまでの計画経済の時代、農村では集団で働く人民公社が、都市では国有企業が、それぞれ農民や従業員の生活を「ゆりかごから墓場まで」面倒を見るシステムになっていた。国有企業であれば住宅は企業が保障するし、従業員の子供の面倒を見る保育所も持っている。退職後は企業が年金を払い、老後の生活の心配もなかった。

こうしたシステムは改革開放が始まってからも、しばらくはなくならなかった。第一汽車の長春工場も、工場敷地内に保育所などを完備していたため、生産規模に比べて工場敷地はとても広かった。「解放」ブランドのトラックは旧式だった。中国のものづくりには、創造的なところが欠けており、工業技術は外国からの移転によるものか、模倣が多かった。

地方都市を旅行していると、日本メーカーのものにそっくりなマイクロバスが走っている。輸入された実物を忠実にコピーしたようだが、エンブレムは中国の地方自動車メーカーのものが付いている。日本企業の駐在員の人から面白いエピソードを聞いたことがある。日本から輸入した田植え機を分解して、コピーをつくったのだが、どこを間違えたのか、実際に田植えして見ると、稲が逆さまに植わったという笑い話であった。

最近は中国の特許申請件数も世界有数に増え、知的財産権の保護についても、まだ守られていない面はあるにしても、日米欧などからやかましく要求されてきたこともあって、だいぶ改善されているようだ。何より、中国企業自身が、自分で開発した技術やデザインなどを守る必要が出てきた、という大きな変化がある。しかし、筆者が駐在していた当時は、外国の技術やデザインはコピーしても問題ないという意識が一般的であった。

■個人経営を認め「待業青年」に職

「のんびり」した中国社会も少しずつ変わりつつあった。筆者が駐在している間の変化のひとつに、中国語で「個体戸」と呼ばれる個人経営の商業が広がっていったことが挙げられる。計画経済の時代には、学校を出ると国家が国有企業や事業体への就職を配分してくれるため、学校を出ても職がない、ということを心配する必要はなかった。しかし、改革開放によって、国有企業も従業員の採用を企業自身でするようになり、必ずしも学校を出たら必ず就職できるとは限らないようになった。

このため、当時の言葉で「待業青年」と呼ばれる、学校は出たけれども就職できない若者が全国に広がった。彼らに仕事をしてもらうため、まず、個人での商売を認めたのが「個体戸」である。筆者は北京や上海で、美容室や花屋を開いている若者を取材したことがある。彼らは、国有企業の工場で手持ち無沙汰にしている従業員に比べて、働き甲斐を感じて生き生きと仕事をしている印象を持ったのを覚えている。ただ、彼らは皆、自分の店で得られる収入がどれぐらいかを教えてくれなかった。同行してもらった通訳によると、税金を納めていないので、収入については語りたくないようだった。

また、当時、北京や上海などの都会には、建国当初からの国有の百貨店や商店などとは別に、「自由市場」と呼ばれる個人経営の商店が集まった場所があり、衣類や食品を売っていた。こうした自由市場で売られる衣類は、主に繊維産業が発達した広東省から運ばれてくるものが多かった。

■広東人にだまされないように広東語を学ぶ

筆者が北京から上海に転勤して間もないころ、支局の若い通訳から「今、上海の人たちの間で人気の外国語は何だと思いますか」と聞かれた。筆者は、まず英語で、日本語も人気があるだろうと答えると、通訳は「一番は英語ですが、次は広東語です」と言う。「広東語は外国語ではないじゃないか」と言うと、「上海の人にとって、広東語は外国語ぐらい違いがあります」との答え。確かに、上海の外資系企業の入っているビルには、外国人のほか、地元のスタッフや、広東語を話す香港企業の人もいる。彼らの話す言葉は、最初、北京語と違うことぐらいしか分からなかったが、慣れてくると、上海語と広東語の違いは分かってくる。

中国は広い。方言といえば、筆者が驚いたことがある。福建省の招待で旅行した時、省都の福州から、マイクロバスに乗って、その日のうちに、廈門（アモイ）に着いた。案内役の福州から来た外事弁公室の人が、現地の人と打ち合わせして、すぐ戻るからといって車外へ出た。ところが、いつまでたっても戻ってこない。やっと戻った彼に、外国人記者が「どうした」と尋ねると、「言葉が通じない」と言う。驚いた外国人記者たちが「だって、あなたたちは、同じ福建省の人でしょう」と言うと、「いや、相手の言っていることがまったく分からない」との答え。「どうするんだ」と焦る我々に、「福州と廈門の両方の言葉が分かる〝通訳〟を呼んで来ます」と言ったのには、方言の違いの大きさを改めて実感させられた。

　これほど違う方言であるから、上海の人が広東省に行って商売する時に、相手が共通語である北京語を話してくれればいいが、広東語で話されると、何を言っているのか分からないことになる。そこで、「広東の人にだまされないように、上海の人は今、一生懸命、広東語を勉強しています」と上海支局の通訳が教えてくれた。

■権力を悪用して儲けた「官倒」

　このような、衣類などを生産地から消費地に運んで、安く仕入れた値段と、個人経営の商店に卸した値段の違いで稼ぐ「運び屋」は個人でも出来る仕事であった。こうした「転売」をもっと大規模にしている人たちもいた。それは中国語で「官倒」と呼ばれる官僚ブローカーであった。

　計画経済の時代には、モノやサービスの価格は、国家によって決められていた。このため、ある商品の需要が大きいからといって、その価格が上がることもなく、逆に供給が多いからといって価格が下がることもない。これでは、生産者にとって、より売れる商品をつくろうという意欲も出ないし、消費者にとっては、より良い商品をより安く手に入れることもできなかった。そのため、いつまでたっても商品は改良されず、同じものがずっと売られることになっていた。

そこで、改革開放の初期には、モノの価格から少しずつ変えていこうということになった。ただし、中国は全体にまだモノ不足の時代であり、いっぺんに価格を自由化すれば、インフレが高進する恐れがあった。そのため、同じ商品に、一部は計画価格を、一部は市場価格を導入するという、中国語で「双軌制」と呼ぶ二重価格制度を適用し始めた。

モノ不足の時代だから、当然、市場価格の方が計画価格よりも高くなる。このため、計画価格で手に入れたモノを市場価格で転売すれば、働かずに巨額の利益を得ることも出来たのである。こうした行為を、官僚が、自分の持つ権力を悪用して実行していたのが「官倒」である。当時、中国の新聞には様々な「官倒」の行為が報じられていた。例えば、石炭を運ぶ貨車ごと、計画経済で手当てしたものを市場価格で転売するといったことが実際に行われていた。筆者は、東北地方へ旅行した際、乗り合わせた中国人の男性と女性が、初対面の挨拶を交わした後、「あなたのところでは、何を転売しているか」といった会話をしていたのを聞いた。転売は広く行われていたのを実感した。

■「官倒」、「待業青年」、物価高が招いた天安門事件

筆者が上海へ転勤してすぐの89年6月4日、天安門事件が発生した。民主化運動を武力で鎮圧した事件である。この年の4月、学生の民主化を求める動きに理解を示していた胡耀邦・元総書記が亡くなった。胡氏は中国の政治家の中でも清廉な人として中国の人々に慕われており、その死去を悼む学生や市民の列が、やがて民主化を求めるデモにつながっていった。デモの広がりを抑えられなくなった当局は北京に戒厳令を発動し、やがて戦車が天安門広場に突入する事態に発展する。

この事件の背景には、「官倒」の行為に対する国民の不満と、「待業青年」の存在、そして価格改革による物価の高騰があった。天安門事件が起こる少し前から、価格改革が石炭などの物資から、いよいよ日常生活品に広がるとの噂が市民の間に広がり、市民は価格改革によって物価が上昇する前に買えるものを買っておこうと、一斉に買いだめに走った。どの家庭でも、石鹸やマッチなどから、自転車などまで、目先は不要なものまでとりあえず買いだめしようとした。この結果、日用品などの物価が上昇し、市民の不満が募った。

インフレに対する不満が広がる中で、権力を握っている官僚が物資の転売行為で巨額の利

益を得る「官倒」に対しても、非難の声が強まった。庶民が物価高騰で苦しんでいるのに、計画価格と市場価格の差を利用して働かなくても大きな儲けを得ている彼らは許せなかったのである。

「待業青年」が社会に広がっていたことも、事件を大きくした。戒厳令が発令された北京では、天安門広場につながる長安街で連日、学生や多くの知識人、市民がデモを繰り広げていたが、その中にはたくさんの「待業青年」が混じっていた。彼らもなかなか職に就けないことに不満を募らせていた。

民主化運動が武力によって鎮圧されると、日米欧などの西側諸国は中国に対して経済制裁を実施した。中国からの輸出は落ち込み、海外から中国への直接投資は停滞し、中国経済は深刻な打撃を受けて、90年の経済成長は低迷した。中国に進出している外資系企業のところで働く中国人スタッフは仕事がなくなり、上海の外資系企業が入るオフィスでは、「北京がとんでもないことをしてくれた」という中国人スタッフの愚痴が聞かれた。

■経済停滞を打破した鄧小平の「南巡講話」

西側の経済制裁によって、中国経済の停滞局面はしばらく続くのではないか、と思われた。この局面を打開したのは、「改革開放の総設計師」と呼ばれた鄧小平である。92年に広東省の深圳など南方を視察した鄧小平は、「改革開放を大胆に進めよ」という趣旨の談話を発表する。有名な「南巡講話」である。この「鶴の一声」が事態を大きく変えた。

改革開放の初期から中国に投資してきた華僑資本は、天安門事件で西側諸国が対中経済制裁に動いた後も、対中投資を再開するタイミングを見計らってきた。中国の事情に通じた彼らにとっては、鄧小平の「南巡講話」は、中国に投資しても大丈夫だ、というシグナルであった。これを機に、華僑資本の対中投資が復活し、その動きが定着するのを見て、日米欧の西側資本も、少しずつ中国への投資を再開していった。

■上海を浮上させた浦東開発

この頃から、中国国内でも改革の動きが再び加速する。鄧小平は天安門事件で失脚した趙紫陽元総書記の後任に、上海市党委員会書記を務めた江沢民を引き上げた。そして、実務を担う首相には、江沢民の下で上海市長であった朱鎔基が就任した。上海を基盤にした江沢民・朱鎔基のコンビは、沿海地区の中でも改革開放が遅れていた上海にとって、大きな転機となる措置を導入する。浦東開発計画である。

上海の経済規模は大きかったが、経済の主体は古くからの国有企業が占め、外資導入は改革開放の初期から一歩先んじていた広東省に比べて遅れていた。また、上海の中心地で観光名所である外灘（バンド）から黄浦江をはさんで対岸にある浦東地域は、開発が遅れ、民家がまばらにある以外は農地が広がっていた。浦東地域の開発が遅れていた理由のひとつは、銀行などが集積している浦西地域と浦東地域の間に大きな橋がなく、黄浦江をまたぐ交通手段は船に限られていたことがある。

上海市では、以前から、黄浦江に浦西と浦東を結ぶ橋を架け、浦東地域を外資導入の受け皿として大規模に開発したい、という計画があった。しかし、国有企業が主体の上海市の財政は、国への上納金の比率が高く、自前でこうした計画を実現する財政力がなかった。浦東開発計画を実現するには、この計画を国家プロジェクトとして認めてもらい、国の財政資金を得る必要があった。

一方、中国は改革開放の初期から、華僑を多く輩出した広東省と福建省の深圳、珠海、汕頭、廈門の4カ所を「経済特区」に指定して、電気や水道、ガス、道路のインフラを集中的に整備するとともに、税制上の優遇措置を講じて、外資を積極的に誘致した。これらの経済特区では華僑資本が呼び水になり、華僑資本が定着するのを見て、日米欧などの西側資本も少しずつ進出していった。業種も最初は繊維や玩具などの比較的単純な労働集約型産業が中心であったが、やがて電機などに広がっていった。外資に対する開放は、経済特区から、やがて沿海部の都市全体に広がっていくことになる。

ただ、天安門事件で外資導入が滞ると、中国指導部としては、新たな対外開放の目玉をつくる必要に迫られた。そこで、江沢民・朱鎔基の〝上海コンビ〟が鄧小平の支持も取り付け、かねてよりの上海・浦東開発計画を国家プロジェクトとして認めさせ、国家財政の裏づけを得て、大規模な開発を進めることになった。浦東開発によって黄浦江には大きな橋がかかり、外灘から見る浦東地区には、高層ビルが建ち並ぶようになった。上海の外資導入には弾みがつき、進出する外資はやがて上海から周辺の蘇州などにも広がり、産業が集積して長江（揚子江）経済圏を形づくるまでに発展した。

■中国産業の底上げに寄与した外資

改革開放から積極的に外資を導入したことは、中国の産業の実力を底上げするのに大きく寄与した。改革開放の初期、中国には外貨の蓄積が乏しかった。外資は合弁企業などを設立する際、資本金を外貨で払いこんだ。外資系企業は改革開放の初期に製品を輸出することを奨励された。製品を輸出することを前提に、原材料などの輸入に際しては関税が免除された。外資系企業の製品輸出によって、中国は外貨蓄積を速めていった。

外資系企業は、合弁などの工場を設立する際に、先進的な機械設備を中国に持ち込み、生産管理を指導した。上海でエスカレーターを生産する日系の合弁企業では、日本側の経営トップが筆者に、「工場をきれいにして、部品や半製品を整理整頓して置くようにしただけで、生産性が飛躍的に向上した」と説明した。それまでの、土間に旧式の設備が直接置かれ、部品などが乱雑にちらばっている工場が、きれいな床に最新の設備を備え、きちんと整理整頓された工場へと、見違えるように変身すると、能率も大きく上がったのである。

外資系企業は経営ノウハウも中国側に伝えた。計画経済の時代では、生産量は国のノルマが割り当てられ、製品も決まったものを生産し続けるだけで、労働者も国が学校の卒業者から「配分」していた。資金も国によって手当てされていたから、経営にかかわるヒト、モノ、カネについて、企業には自主権がなかった。

改革開放の時代になって、こうした国の管理は段階的に外されて、企業の自主権が拡大していった。企業にとってはヒト、モノ、カネの面で、裁量が広がる半面、企業自身の責任で利益を確保しなければならない。

外資系企業には、初めから経営の自主権が尊重されていたから、外資側は、ヒト、モノ、カネの面で企業経営をいかに管理するかのノウハウを中国側に手取り足取り教えていった。

経営方針を決める企業トップから、中間管理職に至るまでの人材育成にも、外資系企業は大きな貢献をしていった。

■国有企業に大ナタを振るった朱鎔基

外資系企業が中国経済の発展に寄与する一方、伝統的な国有企業の経営は立ち遅れた面が目立っていた。計画経済の時代は国有企業の採算が問われることはなかった。改革開放の時代になって、国有企業も企業活動で稼いだ利益を国に上納するようになった。しかし、多くの企業は効率が悪く、利益を上納するどころか、国による補助金の支給で何とか生き延びている状況であった。

このような状況に対して、メスを入れたのは、当時の朱鎔基首相であった。鄧小平の「南巡講話」以降、朱鎔基首相による国有企業改革は本格化する。赤字を垂れ流しても倒産しない当時の国有企業は「鉄飯碗（鉄のご飯茶碗）」と呼ばれた。食いっぱぐれがないという意味である。朱鎔基首相は赤字が続く国有企業を倒産させるように、関連する法律を整備していった。また、それまで国有企業は従業員の「ゆりかごから墓場まで」の面倒を見てきたが、住宅は職場が保障するものであったのを、従業員が自分で買い取るように改革し、退職後に生活を保障する資金も、企業がすべて支払うものから、年金を積み立てて、その支払いによるものへと変えていった。

　このような大胆な国有企業改革はリストラを伴うものであり、大規模な失業者を出した。しかし、中国企業の効率向上のためには必要なものであった。大きな痛みを伴う改革を断行できたのは、朱鎔基首相の辣腕によるところが大きい。

　振り返ってみると、改革開放は農業から始まった。改革に踏み切る前の農村は、人民公社に組織され、農民は農地に出る日数によって点数を付けられ、一生懸命働いても働かなくても収入は同じであった。労働意欲は刺激されず、農民の生活は向上せず、食糧生産も低迷していた。こうした中、安徽省で実験的に家庭による請負経営が導入され、国に納める分を超えた農作物を自分たちで売ることができるようになると、農民の労働意欲が一気に刺激された。この実験が成果を挙げると、農家の経営請負制は瞬く間に全国に広がり、その結果、人民公社は解体された。

　農村の改革からは遅れたが、朱鎔基首相によって、「競争すれば豊かになる」原理は工業分野にまで推し進められた。

■民営企業が世界展開するまでに育つ

国有企業の改革と並んで、国有企業と外資系企業のほかに、個人が経営する企業も出現するようになっていった。個人による経営は、最初のうち8人までを雇用することが許されていて、「個体戸」と呼ばれていた。個人経営が広がりを見せると、民間の活力をもっと生かそうと、8人以上を雇用しても構わないことになり、社会主義中国に、民間企業が育っていくことになった。当初は「私営企業」と呼ばれたが、最近は「民営企業」と言われるようになっている。

民営企業の中には、世界的に事業を展開するところも出てきた。浙江省で魯冠球という人が農業機械の修理工場として創業した万向は、自動車部品メーカーとして発展し、いまや欧米にも進出して、ゼネラル・モーターズ（GM）やフォード、フォルクス・ワーゲン（VW）などと取引している。現在は4万人あまりの従業員を抱え、03年には米国の同業の企業を買収している。

同じく浙江省で李書福という人が冷蔵庫部品の工場として創業した吉利は、97年に自動車分野に進出して、中国で初めての民営乗用車メーカーとなった。03年には輸出を始めて、07

年にはウクライナで現地ノックダウン生産を開始した。10年に吉利はスエーデンのボルボを傘下に収め、世界の有力ブランドを手にした。

自動車産業は裾野が広く、その国の産業発展の水準を象徴的に表している。かつての中国では、長年モデルチェンジされていないトラックが走り、乗用車といえば、公用車として輸入された海外メーカーの旧式モデルしか走っていなかった。

改革開放の過程で国民の所得が大きく増え、やがて政府も自家用車の購入を後押しする政策へと舵を切った。自動車メーカーは国有企業と外資系企業による合弁企業のほか、吉利のような民営企業も育ち、中国の自動車市場はついに米国を抜いて世界一の市場に発展した。外資系企業との合弁企業は最初のうち、最新モデルよりも古いモデルを中国で生産していたが、市場の発展につれて、最新型を中国に投入するようになり、いまや、外資系企業は世界で一番早く、最新型モデルを中国で発表するまでになっている。改革開放の当初は地方の自動車メーカーは、外資系企業のマイクロバスなどのデザインをコピーして生産していたが、いまや、民営企業も自社で研究開発した乗用車を生産するまでに発展した。

中国の工業技術は確実に向上し、自動車だけでなく、日本の新幹線にあたる高速鉄道の車両を自国で生産し、全国の主要都市間に高速鉄道網を展開するまでになった。

■WTO加盟でサービス分野にも外資進出

「競争すれば豊かになる」原理の導入は、工業からサービス業の分野にも広がっていく。中国は朱鎔基首相のリーダーシップで、01年に世界貿易機関（WTO）に加盟した。これによって、中国の市場は、サービス分野も含めて、一定の猶予期間の後、外資に開放されることになった。様々な規制によって保護されてきた中国市場は、全面的に外資との厳しい競争にさらされることになる。中国の書店にはWTO加盟による市場開放にどう対処すべきかといった内容の本が並び、農業をはじめ、中国の各産業が外資との競争で生き残れるか、喧々諤々の議論が起きた。WTO加盟は中国にとって〝黒船〟であった。

中国では、計画経済の時代に、サービス業を発展させるという発想がほとんどなかった。モノ不足であった計画経済の時代、商品の価格は国によって決められており、百貨店などの国営商店の店員は、商品が売れようが売れまいが、それには関係なく給料は決まっていたので、より良いサービスを提供しよう、などとは考えなかった。

改革開放によって、「待業青年」らによる個人経営（「個体戸」）の商店などが都市に増えていき、サービス業も少しずつ競争する時代になってきた。そして、WTO加盟によって開放された中国のサービス業市場に外資も競って参入した。北京や上海などの大都市や内陸の成都などにも、イトーヨーカ堂などのスーパーや、セブンイレブンなどのコンビニが進出するようになり、中国の消費者は、より良い商品をより安い価格で選べるようになった。

中国における近年のサービス業の発展を象徴する分野は、インターネット通信販売である。この分野で急成長したアリババは、99年に杭州で英語教師をしていた馬雲という人をはじめ18人が創業した。初めは、中国で生産された商品を、海外の購買者と結ぶ企業間取引を主体にしていた。その後、中国国内でのインターネットの普及を背景に、中国国内でのネット通販も拡大し、独自の決済システムの導入も後押しして、急速な発展を実現した。

広い中国では、地方の都市や農村の住民にとって、居住する地域に必需品がそろった商店があるとは限らない。そうした地域に住む人たちにとって、ネット通販は、ネット上で商品を選べて、配送もしてくれるし、決済もスマートフォンなどで済ませることができる、大変に便利な仕組みである。このため、近年、ネット通販は消費全体の伸びを大きく上回る勢いで拡大している。市場の成長を背景に業績を伸ばしたアリババは、14年にニューヨーク市場に株式を上場するまでに発展した。

中国の産業は工業もサービス業も、改革開放の初期から見ると様変わりした。WTO加盟によって外資企業との激しい競争にさらされながら、その中で発展している。この章の冒頭に紹介した「東京都庁に五星紅旗が立つ」の譬えは、その通りにはなっていないが、中国の国内総生産（GDP）は日本を抜いて米国に次ぐ世界第2位の経済大国に躍進し、いまや競争によって豊かになった中国人観光客が大挙して日本を訪れ、日本の化粧品や家電製品などを〝爆買い〟するようになった。

働いても働かなくても同じであった時代から、競争原理を導入して、中国の人たちの働き方は大きく変わった。改革開放は中国社会と経済に大革新をもたらした。

第2章

格差を置き去りにした成長

■高級車が走る都市と、やっと電気が通じた農村

北京や上海などの大都市には高層マンションが建ち並び、道路は自家用車で渋滞している。走っている車の中には、国産車や中国メーカーと外資との合弁生産の車に混じって、フェラーリなどの高級輸入車も目を引く。街中には、グッチやエルメスなどの高級ブランドを扱う店もある。

その一方で、中国の農村では、最近になってやっと電気が通じたところもある。習近平総書記は最近、視察した農村のトイレが不衛生だとして、農村に水洗トイレを普及させるように指示した。農村では、飲用に適していない水しかない地域もある。農村には政府が定めた貧困の基準である年収２８００元に届かない人口が７０００万人あまり存在し、総人口のおよそ５％を占める。

中国は世界でも格差が著しく大きな社会になってしまった。しかも、経済成長とともに格差は縮小するどころか、拡大する傾向にある。

中国の格差は都市と農村のほか、経済発展の著しい東部沿海地区と中西部内陸部の間の格

差、職業の違いによる格差、さらに同じ都市の住民の間の格差など、多岐にわたる。

15年の都市住民の平均可処分所得は3万1195元だったのに対し、農村住民の平均可処分所得は1万1422元だった。この数字で見ると、都市と農村の収入格差は2・73倍となる。しかし、農民は収入の中から、作物の種子などを購入する費用を支出しなければならない。また、都市住民の多くが加入している社会保障も、農村では、まだ普及が遅れている。こうした点を考慮すると、実質的な都市と農村の所得格差は5倍から6倍に広がっている、と中国の経済学者らは考えている。

中国の農村では、所得格差を反映して、都市に比べて家電製品や自家用車の普及が遅れている。15年の統計では、都市の自家用車の普及率は30・0%だったのに対し、農村では13・3%にとどまっている。洗濯機と冷蔵庫の普及率は都市では9割を超えている一方、農村は8割前後である。エアコンの普及率は都市で100%を超えているのに対し、農村では4割弱と低い。

■農村と都市の格差を産んだ戸籍制度

農村と都市の間の所得格差の背景には、中国の戸籍制度の問題が横たわっている。中国は建国後、都市への人口流入を制限する目的から、農村で生まれた人は都市の戸籍が取得できないという制度を実施してきた。

改革開放に踏み切って以来、中国経済は外資導入をテコに発展した。外資の誘致を支えたのは、農村から豊富に供給される労働力であった。しかも、農村からの出稼ぎ労働者の安い賃金が外資系企業に利益をもたらした。

出稼ぎ労働者は農村から都市の工場へ働きに来ても、都市の戸籍が取得できない。都市で働いている間は暫定的な居留が認められるだけである。中国において、戸籍が取得できないということは、医療や社会福祉などの公共サービスが受けられないことを意味する。都市で出稼ぎしている間に子供が生まれた場合、都市の戸籍がないと、子供を就学させることもできない。

このため、出稼ぎ労働者は一定の期間、都市で働くと、貯めたお金を持って農村へ帰って行った。そして、新たな労働力が農村から供給される。このため、沿海部の外資系企業は、賃金を上げる必要がなく、外資系企業は安価で豊富な労働力が常に供給されている、というメリットを享受できた。

ただ、厳しい戸籍制限は、出稼ぎ労働者の人権が保障されないことにもつながり、出稼ぎ期間中に都市で生まれた子供が、戸籍を持たない「黒孩子」（闇の子供）として、教育機会を失うなどの問題が広がったことから、近年、戸籍制限の緩和が議論されてきた。その結果、定職に就くなど、一定の条件を満たした出稼ぎ労働者には、都市戸籍の取得も認める方向で改革に動き出した。しかし、大都市を中心に人口流入は抑制する基調にあるため、戸籍制限の緩和によって、農村から都市への人口移動が大規模に起こることは考えにくい。

■発展に先行した東部に追いつかない中西部

所得の格差は地域の間でも大きい。15年の統計で、東部地域の1人当たり平均可処分所得は2万8223元であったのに対し、中部地域は1万8442元と、東部の65％にとどまっている。西部地域は1万6868元で、東部の60％だった。

改革開放による外資導入は、東部の深圳などの4つの経済特区を起点に始まり、やがて東部沿海地域の各都市に広がっていった。電気、ガスなどのインフラが集中的に整備され、外資に対する税制上の優遇措置が採られた。個人経営の私営企業から始まって、やがて大規模に労働者を雇用する民営企業へと発展した民間企業も、浙江省など東部地域が主要な基盤であった。

これに対して、中西部はインフラの整備や外資導入の面で東部に対し立ち遅れた。発展に取り残された中西部と東部の格差を是正するため、２０００年に、当時の江沢民総書記は西部大開発構想を打ち出した。中西部に集中的に投資してインフラを整備し、企業を積極的に誘致しようというものである。

さらに、08年のリーマン・ショックに対して、当時の胡錦濤総書記と温家宝首相の指導部が打ち出した2年間で４兆元の大型景気対策でも、中西部のインフラに傾斜的に投資する方針が採られ、空港や高速道路などが整備されていった。

ただ、これらの措置にもかかわらず、改革開放の当初から長期間、経済発展で先行した東部地域に対し、中西部の所得水準は６割程度にとどまっているのが現状である。しかし、中西部の所得水準が東部に比べて低いということは、企業にとってみると、それだけ中西部では安い賃金で労働者を雇用できるということである。一部の日本企業は内陸部でも事業を展開しており、今後、中西部が企業を誘致していく余地は東部に比べて大きいということもできる。

中国の所得格差を地域から、もっと細かい、日本の県にあたる省や自治区の単位で見てみると、差が大きいことが分かる。15年の全国平均の可処分所得は2万１９６６元だった。この中で、最高の上海市は４万９８６７元と全国平均のおよそ2・3倍に達した。一方、最低のチベット自治区は１万２２５４元と、全国平均のおよそ半分にとどまった。上海とチベットの差は、４倍にも開いている。

上海はもともと国有企業が多く立地していたが、89年の天安門事件後に打ち出された浦東開発計画によって外資を積極的に誘致し、蘇州など周辺地域も巻き込んで、長江（揚子江）デルタ地域の産業集積を進めた。これに対し、チベット自治区は近年、中央政府が鉄道の整備などを進めているものの、観光以外にこれといった産業が乏しく、全国的に見ても経済が立ち遅れているのが現状である。

このように、広大な中国では、古くからの産業基盤や外資誘致の進み具合などによって、経済発展に大きな差がある。

「改革開放の総設計士」と呼ばれた鄧小平は、「条件のあるところが先に豊かになる」という「先富論」を提唱した。ただ、これは、「先に豊かになったところが、遅れているところを助けて共に豊かになる」という「共同富裕論」とセットになっている。現状は、鄧小平の「先富論」は実現したが、「共同富裕論」はまだ具体化していない段階である。

■金融業と農業などの所得格差は４倍近くに

所得格差は地域だけではなく、従事する業種によっても大きい。15年の全業種平均の給与は6万2029元だった。これを業種別に見ると、最高の金融業では11万4777元と、全業種平均の1・9倍に達している。次に高いのは、「情報伝達、ソフトおよび情報技術サービス業」の11万2042元であった。これに対し最低の農・林・牧・漁業は3万1947元と、全業種平均の半分にとどまっている。その次に低いホテル・レストランは4万806元で、全業種平均の66％だった。最高の金融業と最低の農・林・牧・漁業では3・6倍の差がついている。

計画経済の時代は、国有企業や事業体の従業員・職員の給与は国が定めた等級によって決まっていた。学校を出ると、職場は国が配分していた時代で、等級が同じであれば、業種による差はなかった。

改革開放によって、国有企業は利益を国に上納していたのを改め、利益に応じた税金を納め、手元に残った利益を自由に使えるようになった。従業員は企業が直接採用し、給与も企業が決められるようになった。儲かる企業は、より多くの給与を払って優秀な従業員を獲得できるようになっていった。

業種別の平均給与が最も高い金融業では、規制によって保護されているために高い給与を払える面がある。改革開放で多くのモノやサービスの価格は市場に委ねられるようになった。しかし、近年になって預金と貸出の金利が自由化されるまで、長い間、金利は中央銀行である中国人民銀行が決めていた。この規制のもとで、銀行は貸出と預金の利ざやが確保されており、貸出を増やせば増やすほど利益が上がる構造であった。

銀行の給与が高いことは、国民の間でも問題視されており、とりわけ銀行経営者の報酬が高すぎるという議論が巻き起こったことがある。

■〝灰色収入〟を得られる大学教授

所得の格差は、給与の差だけではなく、給与以外の〝副収入〟があるかないかも影響する。

中国の上場企業は、企業統治（コーポレートガバナンス）を強化する目的から、社外取締役の設置を義務付けられている。しかし、社外取締役といっても、日本や欧米のように会社経営を経験した人材があちこちにいるわけではなく、簡単には見つけられない。そこで、手っ取り早いのが、大学教授に社外取締役に就任してもらうことである。大学教授は、取締役会などには通常出席せず、実質的に名前を貸しているだけであるが、受け取る報酬は高い。しかも、こうした報酬は税務当局に把握されず、課税を免れている。このような収入は〝灰色収入〟と呼ばれ、副業による〝灰色収入〟が多い人と、給与収入しかない人の所得格差は大きい。

改革開放によって、国有企業や外資系企業と並んで民営企業が発展してきたが、民営企業を起こした人たちは、小規模な工場などから企業を育て、大規模な企業へと拡大するとともに、自らの報酬も増えてきた。民営企業の中には、株式を上場して、経営トップの持つ資産価値が莫大な規模に上るところも出てきた。

こうした企業経営者らは、自らの才覚と努力で富を築いてきた。しかし、このような富は誰でも持てるものではない。多くの富を得た人と、給与収入しか所得のない人との格差は、社会主義の国としては許されるのか、疑問に感じるまでに広がっている。

医療などで幅を利かせるコネ

格差はお金の問題ばかりではない。中国では、医療などの公共サービスが十分整備されていない上に、こうしたサービスを受けるために、コネがあるかないかが鍵を握る場合が多い。

近年、よく言われる言葉に「看病難、看病貴」というのがある。「病気になったら、医者にかかるのが大変で、医者に診てもらう費用が高い」という意味である。

「医者にかかるのが大変」というのは、医療機関の数が十分でない上に、良い医療機関の良い医師に診てもらおうと思ったら、コネがないといけないからである。「医者に診てもらう費用が高い」というのは、医療保険が十分整備されていない中国では、医療報酬のほか、薬代などが非常に高いことを意味している。

こうした中で、良い医者とのコネを持っている人は病気になっても比較的安心であるが、コネのない人は、そもそも医者に診てもらう段階から困ってしまう。おちおち病気もしていられないということになってしまう。

コネは副収入を得るためにも重要となる。また、民営企業を起こして、発展させていくためにも、取引関係ばかりでなく、許認可権限を持つ役所との人脈などが大事になる。こうして、コネが幅を利かせる中国では、人脈を持つか持たないかが、富を得たり、公共サービスを享受する上で、大きな違いを生むことになる。

■財政の再配分機能が働かず

問題は、格差が固定化する傾向にあることだ。広大な中国では、農業以外にこれといった産業が発展していない内陸などの地域では、企業を誘致するための産業基盤も整っていないことが多く、なかなか産業集積が進まない。これに対して、改革開放政策の中で、外資の誘致が進み、民営企業も育ってきた東部の沿海地域では、産業集積が整い、企業が進出しやすい環境ができている。

地域格差を是正していくためには、産業の発展が遅れた地域で、新たな企業を誘致するためのインフラ整備などが欠かせない。そのためには資金が必要である。しかし、中国の地方政府は、慢性的な資金不足に悩まされている。

中国は中央政府の財政を強化する目的から、94年に分税制という改革を実施した。税金の費目などによって、中央政府と地方政府の取り分を決めたもので、この改革によって、中央政府が集める税収が増えた。

中央政府の財政権限が強化される中で、遅れた地方の発展を促すためには、こうした地域に対する、日本の地方交付税にあたる財政移転措置が必要である。しかし、中国では、このような財政資金の再配分機能が十分働いていていない。

地方政府は財政資金が不足する中で、自ら資金を獲得するためには、土地の売却収入に頼ることになる。中国では土地は国有であり、土地そのものを売却することはできない。ただし、土地の使用権は売買できることになっており、地方政府は、農民から安い価格で収用した土地の使用権を、不動産開発会社などに高く売却することにより、差額を得ることができる。

しかし、土地が高い価格で売却できるのは、周辺が既に開発されているか、開発される見込みのあるところであり、内陸部などで発展の遅れた地域では、このような開発期待も見込まれにくい。そのため、発展の遅れた地域は、発展のための資金も得にくい、という悪循環に陥りがちである。

税金の再配分機能は、土地に関するものだけでなく、他でも働いていない。コネによる副業の収入は捕捉されていないから、課税されない。富裕層の出現によって、中国でも相続税を導入すべきである、という議論が起き、近年、検討されてきているが、導入は実現できていない。富裕層には、共産党の幹部や役人も多く、既得権益層が相続税の導入には反対している。

一部の富裕層は、自分が住む不動産の他に、値上がりによる利益をあてこんで、投機目的で2棟目や3棟目の不動産を購入している。こうした投機を抑制するために、不動産税を導入すべきである、という意見もあるが、不動産税は、今のところ、一部の都市で試験的に課せられているだけである。

■格差の固定化を象徴する「官二代」

格差を取り巻く個人の環境が固定化される懸念もある。近年、中国では「富二代」という言葉が言われるようになった。努力と才覚で起業してその会社を発展させた民営企業経営者や、コネを駆使して副業で富を築いた人たちの子弟を指す言葉である。彼らは、親が築いた富を背景に、教育費が高騰する中でも、大学に進学できたり、さらには海外に留学したりしている。

こういう裕福な人たちがいる一方で、対照的なのが「貧二代」と言われる人たちである。発展の遅れた農村の農民や、都市部で単純労働に従事する労働者や、農村からの出稼ぎ労働者は、収入も相対的に低く、富を得ることに使えるコネもない。

もっと、格差の固定化を象徴するのが、「官二代」という言葉であろう。政府高官や、共産党の幹部など、権力の上層部を占める人たちの子弟を指す。彼らは親の権威によって、自分たちも権力を握る立場に立つことが多い。中国では、権力の上層部は、富もあり、公用車などの待遇も良く、コックなどの使用人をたくさん抱え、子弟たちは海外留学することが多い。

個人を取り巻く環境が固定化されると、いくら個人が頑張っても豊かになれない、逆にそれほど頑張らなくても豊かになれるという、「機会の不平等」を社会に広く根付かせてしまいかねない。

改革開放によって社会の豊かさが底上げされ、都市に住む人たちを中心に、権利意識が強くなってきている。例えば、環境を汚染する懸念のある工場が近隣に建設される計画があると、反対する住民の運動が起きて、建設が中止に追い込まれるようなことも起きている。国民の権利意識の高まりとともに、「機会の不平等」が広く存在することについて、おかしいと声を上げる人たちが出てきても不思議ではない。まして、中国は社会主義を標榜している。社会主義なのに、ますます格差が広がっていくという社会の構造を、様々な点から是正する必要がある。とりわけ、権力とコネが富を集める仕組みを改めないと、こうした仕組みから無縁の人たちが、一生懸命働いても報われないという、無力感にとらわれる恐れもある。中国での格差の広がりと深まりは深刻な問題である。

第3章

変わる中国、変わらない中国

■大きく変わった中国の人々の衣食住

70年代末に始まった改革開放によって、中国の人たちの生活は大きく変化した。

衣食住について見てみると、改革開放の当初、政治家の着ているものは、伝統的な中山服がまだ主流であった。近年は、地方の官僚も含めて、軍隊を閲兵する時などの特殊な場合を除いて、皆、スーツを着用するようになり、ネクタイ姿もすっかり板に付いてきた。

改革開放の初期は、冬になると、市民は厚い生地の綿入れを羽織っていた。今では、日本と同じようにダウンジャケットをまとい、その下はポロシャツやTシャツが当たり前になった。女性のスカート姿が増え、服の色彩も豊かになって、格段におしゃれになった。

食では、中国の人たちが刺身などの生魚を食べるようになった変化が大きい。鮮魚の流通体制が整っていなかったころは、生魚といえば、日本となじみの深い大連の人が食べるぐらいで、その他の地域の人たちは加熱した食材を食べるのが普通であった。今では、内陸地域まで、冷凍の鮮魚が運べるようになり、食習慣の変化もあって、生魚が各地で食べられるようになった。

中国の人たちは、食事をともにして客をもてなすことを大事に考えている。宴会の際には、茅台酒などのアルコール分の高い白酒を注いだグラスを飲み干すことが、友好の証とされ、「乾杯」を重ねることが当たり前になっていた。今では、スマートなもてなしとして、ワインなどの比較的アルコール度数の軽い酒類で乾杯し、お酒の苦手な客には強要しないようにもなってきている。

日常の飲み物も変化している。中国といえば、花茶やウーロン茶などの中国茶を飲むのが習慣で、特に乾燥する北京の冬には、タクシー運転手は必ずポットに中国茶をいっぱい入れて飲んでいた。最近は、若い人を中心にコーヒーを飲む習慣が中国でも広まっている。北京や上海などの都市では、スターバックスなどのコーヒーチェーン店があちこちで見られるようになった。

住はもっと変化が大きい。計画経済の時代、住宅は職場が従業員に保障するもので、住まいといえば、ほぼ例外なく社宅であった。しかし、90年代に本格化した国有企業改革に伴って、住宅は個人が購入するものになり、これまで住んでいた住宅が払い下げられたり、新たに住宅が建設されることになっていった。

そして、現在では都市においては高層マンションが建ち並ぶようになった。都市の郊外では一戸建ても建設されている。改革開放の初期には、上海の暑い夏の夜に住民が狭い住宅を出て、路上に横たわれる椅子を持ち出して寝る光景も見られた。今では、エアコンが普及して、夏も快適に過ごせるようになっている。

住宅制度の改革とともに、住民の結びつきも変わった。かつては同じ職場の人たちが近所に住んでいたので、住民同士のつながりも自然と出来ていた。しかし、改革によって、同じマンションでも、いろいろな職場の人が住むようになったので、隣人は知らない人という状況になってきた。このため、中国では、マンション住民の組織として、日本の自治会にあたる「社区」を組織化することを進めている。中国版のコミュニティーづくりである。

■ネット通販で物を買いスマホで決済

中国では、改革開放以前には、退職した親の面倒は子供が見るのが当たり前であった。しかし、70年代末からの一人っ子政策で子供の数が減り、こうした習慣も変化してきた。改革で住宅は個人が購入するものになり、若い人が結婚する場合、通常は男性が新たな住宅を購入することが結婚の前提になるように変化してきた。

年老いた親の面倒を子供が見ることがなくなり、高齢化が進んだことで、中国でも老人ホームを設立する必要が出てきた。「養老院」と呼ばれるこうした施設の設置が進んでおり、運営にあたっては、日本の老人ホームの経験も参考にされている。中国でも核家族化が急速に進んでいる。

近年、中国社会を大きく変えているのがインターネットの普及である。ネットによって、中国の人たちも世界の情報に瞬時にアクセスできるようになった。もっとも、共産党と政府にとって都合の悪い情報は見られないように制限されている。そうした中でも、チャットアプリの「微信」を使って、仲の良い人たちの間で、当たり障りのないような政治の話や、事件、事故などニュースで知ったことの感想などが話し合われている。

ネットの普及で、ネット通販が大きく伸びている。ネット通販は中国の消費全体のおよそ1割を占め、伸び率は3割程度におよんでいる。広大な中国では、店舗がすぐ近くにない地域も多い。ネット通販であれば、店舗まで出かける必要がなく、ネット上で品物を見比べて注文し、配送もしてもらえる。

中国のネット通販の中には、例えば、靴を注文すると、「今、あなたの注文した靴が工場から出荷された」「今、××から運び出されている」など、自宅に届くまでの途中経過をスマホで見ることができるサービスもある。広大な中国ならではのサービスである。

改革開放の初期の中国では、固定電話も十分に普及していなかった。一般家庭では、何軒かに一台ある呼び出し電話によって用事を済ませていた。ところが、今ではスマートフォンが広く普及して、広大な国土でも離れた人同士で自由に通話できる時代になった。また、スマホは情報も手軽に得られる上に、様々なアプリを使える点は日本と同じである。

ネット通販もスマホで決済されるが、スマホを使った決済は飲食店などにも広がっている。若い人たちが会食すれば、食べ終えた後、皆でスマホを出し合って勘定を済ませる風景が普通になっている。スマホはいまや中国の人たちにとって、欠かせないものになっている。

■わがまま放題に育った「80后」「90后」

改革開放の進展で、中国ではかつての世代と様々な面で異なる世代が出現した。80年以降に生まれた世代を「80后」、90年以降に生まれた世代は「90后」と呼ぶ。彼らは、両親の世代と大きく異なる環境で育った。

彼らの親たちは、60年代に中国を大混乱に陥れた文化大革命を体験している。毛沢東に忠誠を誓う紅衛兵たちが各地で古い文化に対して破壊活動を繰り広げ、幹部や政治家の多くが「資本主義の道を走る実権派」として打倒された。生産活動は停滞し、暴力と密告が社会に広がり、狂気が全国を覆った時期であった。インテリ層は敵視され、多くの若者が「下放」

と称して都会から農村に送り込まれ、農村での生活の中で「再教育」された。

76年に毛沢東が死去して、毛沢東夫人の江青ら文化大革命を扇動した「四人組」が逮捕されると、文化大革命はやっと収束に向かった。その後、実権を回復した鄧小平は70年代末から改革開放へと大きく舵を切る。

「80后」、「90后」の世代は、生まれてから、既に改革開放路線を歩んでいる社会の中で育った。中国社会は、モノ不足の状態から、経済建設が加速し、やがてモノが充足した状態になっていく。

彼らが親の世代と大きく異なるのは、豊かさを実感できる環境で育った上に、70年代末から導入された一人っ子政策のもとで、両親にとってただ一人の子供として大事に育てられたことである。彼らには、「6つのポケット」があると言われる。両親の財布に加えて、父方、母方それぞれの祖父、祖母が欲しいものを買ってくれるという意味である。祖父母や両親にかわいがられて、欲しいものは何でも手に入れることができることから、「小皇帝」と呼ばれて育った。モノ不足の時代に、文化大革命で「下放」によって農村での労働も経験した親たちの世代から見ると、彼らは苦労知らずで、わがまま放題に育ったといえる。

文化の面でも、早くから海外のものに触れることができたのも、親たちと違う点である。彼らは幼い時から、日本のアニメや漫画に親しみ、日本のゲームをして遊んだことが多い。

農村からの出稼ぎ労働者の中でも、「80后」、「90后」の世代はまったく農作業を経験しないで、いきなり工場での労働に就いた人たちも多い。

■賃上げを求めるストを「80后」「90后」が主導

2000年代に入って、沿海部の外資系企業などで、賃上げを求めるストライキが頻発した。この動きを主導したのは「80后」、「90后」の労働者たちである。彼らの親たちは国の規定で給料が決まっていたので、賃上げを求めてストライキを実行することなど考えられなかった。しかし、彼らは権利意識が強い。その上、インターネットやスマホで、ほかの企業の賃上げ情報を即座に得ることができる。「うちの会社は今日、××元の賃上げを回答した」という情報が流れると、「それなら、我々はもっと要求しよう」ということになる。こうしてストライキの波は広がっていった。

中国では、外資系企業も含めて、すべての企業に「工会」と呼ばれる労働組合があり、共産党が掌握している。「工会」を全国的にまとめる組織として「中華全国総工会」が置かれている。

改革開放の初期であれば、もし労働者の間に賃上げの要求があったとしても、労働者と経営側の間に「工会」が入って、穏便な形で決着されていた。各地でストライキが頻発するようなことは考えられなかった。

しかし、「80后」、「90后」の労働者たちに対して、「工会」はこのような役割を果たせなかった。彼らの行動がインターネットやスマホの情報に基づいていて、「工会」の幹部と話し合いができるような基盤がなかったことが大きい。

「80后」、「90后」の世代も、中国社会で中核となる時代になってきた。引退する年齢に達しつつある彼らの親の世代に代わって、社会を担う彼らは、親たちとまったく違う意識で新しい社会を築いていくことになるだろう。

■人災が起きても尊重されない人命

時代が変わっても、変わらないところもある。人命が尊重されないところも、そのひとつである。

近年、中国では、長江（揚子江）での客船転覆事故（15年6月）や、天津の爆発事故（15年8月）、さらに深圳の土砂崩れ（15年12月）など、多くの人たちの生命が奪われる事故が相次いでいる。また、各地の炭鉱で爆発や崩落があり、化学工場の爆発事故も起きている。

天津の爆発事故では、爆発の危険のある化学物質を違法に、大量保管していたことが原因とされている。深圳の土砂崩れでは、地下鉄工事で出た大量の土砂を、周辺住民の危険を指摘する声にもかかわらず、住宅地付近に大規模に積み上げていたことが事故を引き起こした。これらは、ともに人災である。

問題は、こうした人災が起きた際、なぜ、このような人命にかかわる事故が起きたのか、という背景にまで踏み込んだ追及が徹底的に行われないことである。中国では、人命が失われる大規模な事故が起きると、当局などの関係者が記者会見を開いて、遺族らに謝罪する。しかし、その後は多くの場合、地方政府のトップが辞任したり、関係する企業の責任者が逮捕されるなどの結果となって、幕引きされることが多い。

人災を引き起こした責任を負うべき人が、刑事裁判で刑事責任を問われることはない。また、家族などを失った遺族らが、関係者に賠償を求めて民事訴訟を起こすこともない。処分された関係者も、地方政府のトップであれば、ほかの地方政府に異動したり、企業責任者であれば、逮捕から時間を経て釈放され、また企業に復帰したりする。このようにして、時間が経つと、関係者はまるで事故などなかったかのように、元通りの活動をすることが多い。マスコミも、大事故が起きた時は大きく報道するが、時間とともに事故には触れなくなってしまう。

こうして、人災が起きる素地は何だったのか、人災が繰り返されないためには、何をしなければならないのか、ということは議論されずに済んでしまう。

改革開放の初期に、外資受け入れを先導した深圳の経済特区では、建設現場に「時間就是金銭、効率就是生命」（時は金なり、効率は生命なり）とのスローガンが大書されていたが、「安全第一」との標語はなかった。改革開放に踏み切って以来、中国の経済建設は急ピッチで進んできた。しかし、中国社会はその過程で効率を優先し、人命の尊重や安全を重視することを脇に追いやってきた。その結果が相次ぐ人災の発生につながり、次々に人災が起きても、根本的な原因が追及されて、解決の道を探ることがおろそかになっている。

「食の安全」も中国では軽視されている。近年も、有害な物質を含む食品が流通して被害が出るなどの事件が相次いでいる。乳児用の粉ミルクにメラミンが混入していた事件（08年）では、粉ミルクを飲んだ乳児が腎臓病にかかり、国産の粉ミルクは危険であると感じた消費者が香港に粉ミルクを買うために殺到して、社会問題になった。ほかにも、廃油を回収して再び売る業者がいたり、豚に水を注射して重さを水増しした豚肉を売るなど、中国国内では安心して食べられないものが見つかる事件が後を絶たない。

■中国にとっての人権は貧困からの脱却

中国にはそもそも人権がない。中国人で初めてノーベル平和賞を受賞した劉暁波は、民主化運動にかかわって、現在も投獄されている。89年の天安門事件につながる民主化運動が起きると、劉暁波は滞在先の米国から帰国して民主化運動に身を投じ、武力で弾圧された運動の中で、ハンストに参加するなど、主導的な役割を果たした。10年にノーベル賞を受賞した際も、中国当局はもちろん劉暁波の出国を認めなかったし、劉暁波に対するノーベル平和賞の授与を強く非難している。

近年も、人権問題にかかわっている「人権派」と呼ばれる弁護士らが、突然逮捕されたり、拘束される事件が相次いでいる。こうした逮捕や拘束は具体的な罪名もなしに行われることが日常茶飯事である。また、日本に住んでいて、中国の政治などを研究している中国人の学者が、研究活動で中国を訪れた際、理由もなく突然当局に拘束され、取り調べを受けることも続いている。取り調べの結果、容疑を裏づける証拠がない場合は釈放されるが、その際に長期間拘束したことへの謝罪はない。

16年6月にカナダを訪問した中国の王毅外相は、現地での記者会見で、カナダ人記者による中国での人権問題に関する質問に対して、「中国が6億人以上の貧困脱却を実現したことを知らないのか」と答えた。中国では、人権問題は貧困からの脱却なのであり、西側諸国が尊重する言論や思想、表現の自由などは人権に含まれていない。

■面子をつぶされて民主化運動を武力で鎮圧

「面子（メンツ）」を重んじる点も、中国で変わっていないことである。

民主化運動を武力で鎮圧した89年の天安門事件も、国家指導者が面子を失ったことがきっかけになった。天安門事件につながる民主化を求めるデモは、同年4月に、学生の民主化要求に理解のあった胡輝邦元総書記が死去したのを悼む動きから始まった。当時、石炭などを計画価格と市場価格の差を利用して転売し、儲けを得る「官倒（官僚ブローカー）」が横行していたことなどへの不満から、民主化を求める学生に市民も加わって、デモは拡大していった。

同年5月に、当時のゴルバチョフ・ソ連書記長が訪中して、歴史的な中ソ和解が実現した。この時、晴れ舞台でゴルバチョフを迎えるはずであった、国家主席の楊尚昆は、民主化を求めるデモの広がりによって、通常は歓迎式典が開催される天安門広場が使えず、やむなく隣接する人民大会堂で歓迎式典をせざるを得なかった。

民主化運動を進めた学生らにとっては、折しも、歴史的なゴルバチョフ訪中を取材しようと世界中から集まった報道陣の前で、民主化運動の盛り上がりをアピールする絶好の機会になった。中央軍事委員会副主席を兼ねていた楊尚昆は面子をつぶされて激怒し、６月４日の武力による鎮圧につながっていった。

天安門事件の際、北京市に戒厳令を敷いた首相の李鵬は、ある時、通訳の面子をつぶす行為をした。外国の記者も参加する会見で、自分の発言の英語への通訳に間違いを見つけた李鵬は、自ら英語で正しい言葉を言い直した。こういう時、間違いを見つけても、通訳にそっと耳打ちすれば良いのだが、会見を聞いている人たちの前で、英語で言い直されると、通訳は面子を失ってしまう。面子を重んじる中国では、一番してはいけない行為である。

中国の国家統計局は、四半期ごとに国内総生産（ＧＤＰ）を発表している。15年の７月に開催した、同年上半期のＧＤＰ発表で、国家統計局のスポークスマンと中国の記者の間で、ちょっと珍しいやりとりがあった。一番初めの質問で、中央テレビの記者が、「発表された上半期のＧＤＰ伸び率は７・０％だが、この数字は少なからぬ機関が予測したのよりも高い。この原因は何か」と、追及したのである。

中国国内でも、四半期ごとのＧＤＰ発表は一大イベントで、様々な予測機関が事前に「今回はこれぐらいになるだろう」という予測を公表している。こうした予測をもとに、共産党機関紙の人民日報のインターネットサイト、人民網では、発表当日に、「今回のＧＤＰは何％増になりそう」という記事を載せ、それまでは、発表される数字と一致していた。ところが、この時は、人民網の予想数字は７％割れだったのに対し、発表された数字は７％ちょうどであった。人民網は面子をつぶされた格好になった。こうした経緯があって、中央テレビの記者は、「なぜ予測と違う数字になったのか」と聞いたわけである。面子を失った人民網は、以後、当日の予測記事を掲載しなくなった。

衣食住にわたって大きな変化を遂げる中国と、その一方で、人命や人権の軽視がなくならなかったり、面子を重んじる点など変わらない面がある。「変わる中国」と「変わらない中国」の両面は際立っている。

第4章 うさんくささが拭えない市場経済

■夜の街角でインサイダーの人だかり

90年代の初頭に、招待旅行で訪中した際、夜の上海の街角に人だかりしているのを見つけ、案内役の中国の人に何をしているのか尋ねたら、「インサイダーです」との答えだった。この頃、上海では証券取引所が株式取引を始めたばかりであったが、どうやら、どの銘柄を買ったらいいかについて、個人投資家が寄り集まって噂を言い合っているということのようであった。

社会主義の中国で、上海と深圳に証券取引所が開設されたのは90年のことである。中国に株式会社が誕生していった経緯は、資本主義国とかなり異なる。改革開放に踏み切って以降の80年代に、中国の農村には郷鎮企業が生まれていった。郷鎮企業は集団所有制の企業で、農民が出資しあって簡単な設備を購入し、小規模な工場を建てて、農村の余剰労働力を雇用していた。

郷鎮企業の中には、安い労働力を武器にして製品を輸出するところも出てきた。売れる製品をつくる企業は、設備を拡張したいという意欲を持つことになる。また、郷鎮企業は、計画経済時代からの国有企業が給与を国に決められていたのと違って、従業員の給与は自分たちで決められる。そこで、いかにして従業員の積極性を引き出すか、ということも自分たちで考えていった。

こうした中で、考え出された方法が株式制度の採用である。郷鎮企業が株式を発行して、従業員が株式を引き受ける。郷鎮企業は従業員の出資によって、設備を拡張する資金を調達できる。株主となった従業員は、郷鎮企業の業績が上がれば配当を得られるので、積極的に仕事をするようになる。従業員持ち株会のような仕組みである。

もっとも、株式についての理解が一般的には浅かった時代であるから、株式の配当と債券の利息が異なることが十分理解されていなかった。

郷鎮企業の間で株式制度を採用するところが広まると、やがて民営企業の中にも株式会社が出現するようになった。民営企業の場合は、創業者や従業員ばかりでなく、広く社会一般からも出資を募りたいというニーズがあり、社会主義の中国でも、株式を発行して販売し、やがて取引する需要が生まれていった。改革開放政策で郷鎮企業や民営企業を発展させようとする指導部も、株式会社の広がりを許容していった。80年代後半に訪中した日本の大手証券会社の幹部に対して、当時の総書記だった趙紫陽は、「株式制は進めていく」と明言している。

中国で初めての上場企業は、84年に設立された上海飛楽音響股份有限公司（股份は株式、公司は会社）である。90年開設の上海証券取引所の前身として、86年に株式の取引を開始した中国工商銀行上海静安信託業務部に株式を上場した。

■鄧小平の鶴の一声で開設された証券取引所

株式会社の広がりとともに、証券取引所を開設する需要が高まっていった。しかし、なにしろ社会主義の中国である。証券取引所を開いてもいいのかどうか、指導部は悩んだ。そこで、89年に武力で民主化運動を鎮圧した天安門事件を受けて、鄧小平によって総書記に引き上げられた江沢民は、証券取引所の開設の可否について鄧小平に伺いを立てた。鄧小平の答えは「やってみればいいではないか。やってだめならやめたらいい」というものであった。こうして上海と深圳の証券取引所は誕生した。

このように、中国の株式制度は自然発生的に広がっていったが、証券取引所が開設されて、上場企業を全国から選ぶようになると、株式制度は変質していった。上場企業を選別するのに、上場基準を設けて基準を満たす企業を証券会社が推薦する方式ではなく、当局が地方政府に上場企業の枠を割り当てる方式を採ったのである。

■赤字の地方国有企業の救済に使われた株式上場

中国には国有企業が数多くあるが、中央政府が直轄する国有企業はわずかであり、大多数は地方政府が管轄している。改革開放で誘致された外資系企業や郷鎮企業、それに民営企業は効率を重視した経営をしていたが、国有企業は計画経済時代から余剰人員を抱え、改革開放政策のもとでも非効率な経営を続けているところが多かった。

地方政府は株式制度の割り当て枠を、こうした非効率な地方国有企業の救済に使っていった。株式発行で得た資金を赤字の穴埋めに使い、非効率な経営にもかかわらず従業員の雇用を維持したのである。

資本主義国であれば、上場企業はもともと株式を発行している会社の中から、業績や財務体質が優れた企業が選ばれる。しかし、中国の場合は、地方政府に割り当てられた枠内で地方政府が上場企業を選抜することにしたため、業績や財務体質が良い企業よりも、存続が危ぶまれるような企業が救済の対象として上場することになっていったのである。

これが、現在の習近平総書記・李克強首相の体制下で問題になっている「ゾンビ企業」の淵源になっている。「ゾンビ企業」とは、赤字を垂れ流しながら、地方政府の補助金や銀行融資によって生きながらえている企業のことを指し、習・李指導部は「ゾンビ企業」を淘汰する方針を打ち出している。しかし、地方政府には地元の雇用を優先する意識が根強く、「ゾンビ企業」の淘汰はどこまで進むか不透明である。

優良株の期待を担った国有商業銀行

さすがに、地方政府が選別した企業ばかりでは、上場企業は業績や財務体質の劣る企業ばかりになってしまう。当局は2000年代に入って、株式市場の改革に乗り出した。上場企業の質を向上させようというものである。上場企業は資本主義国のように、業績や財務体質の基準を満たした企業を証券会社が推薦し、当局が審査するように変わった。

そして、株式市場改革の目玉として国有商業銀行を株式制に改組して、株式を上場することにした。中国工商銀行、中国銀行、中国建設銀行、中国農業銀行の大手4商業銀行は、もともと外国為替に特化していた中国銀行を除き、いずれも中央銀行である中国人民銀行から独立してできた銀行である。

しかし、国有商業銀行の側からすると、90年代に進んだ国有企業改革によって、非効率な国有企業の倒産が相次ぎ、国有商業銀行は多額の不良債権を抱えたという問題があった。また、国有商業銀行は外資系銀行に比べて企業統治が整っておらず、経営ノウハウも乏しいという問題もあった。

一方、中国の証券取引所では、上場する企業の数は増えても、業績が優れて発行済み株式数も多い優良株（ブルーチップ）が上場しておらず、株式市場の目玉に欠けるという問題があった。

国有商業銀行の抱える問題と、株式市場の目玉となる優良株の問題を、一挙に解決しようというものが、国有商業銀行の株式制への改組と株式上場であった。

国有商業銀行の株式会社への改組にあたっては、外資系銀行に戦略的投資家となってもらい、出資をあおぐことにした。外資系銀行に資金を拠出してもらうだけでなく、経営に参画してもらうことによって、企業統治を整え、経営ノウハウも伝授してもらう狙いである。

外資系銀行にとっては、出資比率の制限によって経営権を握ることはできないにしても、国有商業銀行が全国に張り巡らした支店網を足がかりにして、将来の中国での金融ビジネスの展開に期待を持てるという面がある。

また、国有商業銀行の株式上場は、中国本土の市場だけでなく、香港でも同時に上場することにした。香港の株式市場には、世界の投資家の資金が集まる。香港にも同時上場することで、世界の投資家の信任を得るという、〝フィルター〟を通して国有商業銀行の市場におけるステータスを確立しようという狙いである。

上場によって得た資金のほかに、財政からの資金も加えて不良債権を処理し、国有商業銀行の財務体質は向上した。収益面では、金利規制によって国有商業銀行は手厚い利ざやを保証されており、貸出を増やせば増やすほど利益が上がる構造にあった。

こうして、ブルーチップとして国有商業銀行のほかに、航空会社や通信会社などの大型株も上場して、中国の株式市場は上場銘柄の面で、少しずつ体裁を整えていった。

■個人投資家に偏った株式市場

しかし、投資家の厚みという面で、中国の株式市場は資本主義国の株式市場に遠く及ばない。

中国は資本移動を規制しており、基本的に外国人投資家は中国本土に上場する株式に自由に投資できない。適格国外機関投資家（ＱＦＩＩ）と呼ばれる、小数の中国当局に認可された機関を通じた投資が認められているだけであり、その投資枠はごく限られている。

日本と違って生命保険会社などの機関投資家も株式市場の参加者としては育っておらず、投資主体は個人投資家が中心になっている。

資本主義国の株式市場では、個人投資家のほかに、証券会社の自己売買部門や外国人投資家、それに機関投資家も市場に参加している。外国人投資家は、投資する国の株式相場が自国の株式相場や、他の国の株式相場に比べて割高か、あるいは割安かという比較をして、割高であれば株式を売り、割安であれば買うという行動をすることがある。

機関投資家は、生命保険会社であれば保険契約者から預かった資金を運用しているので、株式を短期的に売買するのではなく、長期保有することが多い。また、景気動向や、企業の業績動向に加えて、株式の価格が割高か割安かを、予想株価収益率などから判断するなど、いろいろな投資尺度を持っている。

これに対して、個人投資家はどちらかというと、個別株式の値動きに着目して、短期的な売買で値上がり益を確保しようという行動をすることが多い。

このように、異なる投資尺度を持つ投資主体が参加していることによって、資本主義国の株式相場はこなれた価格形成がなされていく。

ところが、中国の株式市場では、個人投資家が売買の中心であるため、どうしても短期的な取引が主体になる。しかも、中国の個人投資家は、景気動向には関心がなく、その上、自分が売買しようとする企業の業績も十分に調べないまま、株式の値動きのみに着目して、噂を根拠に売買することが多い。株式を売買する際に気にかける噂は、「政府が株式市場を救済しようとしている」とか、「政府は株式相場の上昇を奨励している」といったものが多く、およそ市場経済とかけ離れた、政府が最後は面倒を見てくれる、という考えに基づくものが多い。

このため、結果的に中国の株式相場は、景気動向に関係なく上下することが多い。個別の株式についても、業績動向と関係なく買われたり、売られたりすることが目立つ。

■株式相場の安定と裾野拡大目指した制度は裏目に

中国の株式市場は、最初のうちは現物株だけの取引であった。このため、個人投資家の売買は、買われている銘柄には買いが集中して株価が高騰し、売られる銘柄は売り注文がかさんで下落が続くという、一方通行になりやすいところがあった。

そこで、現物株の値上がりによって利益を得られるだけではなく、売ることによっても利益を得られる信用取引を導入した。信用取引では、個人投資家は株式を買う場合、証券会社から融資を得て、手元資金よりも大きな額の買い注文を出すことができる一方、現在割高と考える銘柄を売って、株価の下落によって利益を得ようとする場合は、証券会社からその株式を借りて売り注文を出すことができる。株価が実際に下落すれば、下がった価格で借りた株を買い戻して利益が得られる仕組みである。

信用取引の導入によって、株価に対する強気と弱気の見方が入り混じり、よりこなれた価格形成がなされるとの期待があった。

しかし、中国では実際には、信用取引の導入によって、証券会社の融資を利用した買い注文によって価格の上昇が増幅され、今度は何かのきっかけによって株価が下落し始めると、証券会社に追加の保証金を差し入れる必要が生じて、保有する株を急いで売却する動きが広がるといった、株価の上昇・下落が増幅される現象が起きている。

また、株式相場全体が一定の幅を超えて急落した時に、取引を強制的に止めるサーキット・ブレーカーも導入されたが、実際の急落時に、売ろうとしたのに売れなくなって困った個人投資家の売り注文が、相場再開後に集中して、混乱が収まらなかった。この制度も相場を落ち着かせる目的のものであるが、現実には相場を落ち着かせる働きを示さなかったため、制度は取り消された。

資本主義国の株式市場で、株式相場を安定させたり、売買の裾野を広げるために導入されている制度を、中国の株式市場でも取り入れてみたのだが、うまく機能しなかった。これは、投資家層が個人に偏っていて、しかも個人投資家の投資行動が景気動向や企業業績に基づくものではなく、噂に左右されて株式売買が一方通行になりやすいためである。

■どこからともなく入ってくる投機資金

中国の株式市場が、海外投資家にごく限られた経路を通じてしか開放されていない、ということは、資本移動が厳しく規制されているということである。それにもかかわらず、現実にはいろいろなルートを通じて、中国に海外から投機資金が流入したり、流出したりしている。中国語で「熱銭」、英語で「ホットマネー」と呼ばれる投機資金について、中央銀行である中国人民銀行の周小川総裁は、「投機資金はどこからともなく入ってきて、どこへともなく去ってゆく」と述べている。資本移動の規制をかいくぐる投機資金の動きを示した言葉である。

中国は3兆ドルを超す、世界一の規模の外貨準備を保有している。海外から中国に外貨が流入する主な経路としては、貿易黒字と中国に対する海外からの直接投資がある。中国の景気減速感がまだ色濃くならないころ、中国の外貨準備が4兆ドルに迫るまでに積み上がった過程では、貿易黒字と海外からの直接投資を合計した額よりも、大幅に多い外貨準備の増加が見られた。これは、資本規制をかいくぐった投機資金の流入によるものとみられる。

投機資金はなぜ、中国に流入するのか。景気減速感がまだ強まっていない時点では、他国に比べて中国の経済成長率が高く、それに基づいて、通貨・人民元のドルに対するレートに先高感があった。また、中国国内の預金金利も相対的に高く、国内の不動産価格も上昇傾向にあった。

こうした状況で、ドルを人民元に換えて中国国内で預金したり、不動産に投資すれば、比較的高い預金金利による利息や、不動産の値上がり益に加えて、人民元の対ドルレートが元高になることによって資産価値が増加することが見込まれた。

■貿易や合弁企業の登記資金が投機資金のルートに

投機資金はどのように資本規制をかいくぐって中国国内に流入するのだろうか。ひとつのルートは貿易決済を利用したものである。この場合は主に香港が舞台に使われる。香港には、中国本土の企業の出先機関や、本土企業と関係のある企業が多数存在する。本土からこうした機関や企業に、実際はモノを輸出していないのに、輸出したように装ったり、あるいは実際に輸出したモノの金額よりも水増しした額を輸出したように見せかけて、代金を香港から本土に送金する。こうして本土に流入した資金を人民元に換えて運用するわけである。

もうひとつは、外資系企業が中国企業との合弁企業を中国国内に設立する場合に、合弁企業の登記資金として中国国内に持ち込む外貨を国内で運用するという方法である。著名なエコノミストで人民元について詳しい余永定氏は、合弁企業の登記資金に比べて、合弁企業が実際に工場を建てて、設備を海外から輸入したりすることに使う資金が少なく、実際に使われていない資金は投機に回っている可能性があることを指摘している。

ところが、中国景気の減速感が強まると、投機資金にとっての環境は一変する。人民元の対ドルレートは先高期待から先安観測に変わり、元安圧力が強まってくる。景気減速に対応して人民銀行は預金基準金利を引き下げる。不動産の売れ行きは鈍り、不動産価格は低迷する。

こうして、投機資金が中国国内で資産価値を増やしていた環境は逆転することになり、投機資金は一転して、中国から流出していくことになる。

■不動産価格を吊り上げる温州の投機集団

投機資金は中国国外から国内に入るものだけではない。国内にも投機資金は存在する。有名なのは、「温州炒房団」と呼ばれる投機集団である。温州は浙江省で民営企業が発展しているところである。ここには、自ら起こした企業の利益で蓄積した豊富な資金を持った人たちがいる。「炒」は文字通り料理で火を通して材料を炒めることであるが、そこから、投機を通して資産価値を高める行為にも使われるようになっている。株式に投資して資金を増やすのは「炒股」である。「房」は「房地産」の略で、不動産を意味する。「炒房」は不動産に投資して不動産の値上がりによって資産を増やす行為を言う。

「温州炒房団」は、地元の温州の不動産価格を吊り上げただけでなく、上海や北京などの大都市でも不動産への集中的な投資を繰り返し、全国的にその名を知られるようになった。近年では、深圳の不動産価格が他の都市に比べて大幅な値上がりを示しており、その背景に「温州炒房団」の存在が取り沙汰されている。

投機資金の対象になるのは、株式や不動産ばかりではない。時には農産物も投機の対象になる。かつて、ニンニクが投機の対象になったこともあった。中国国内には、値上がりによって利益を得られそうなものなら、何にでも投資しようという資金が存在している。

■石油市場の寡占が大気汚染を招く

改革開放によって、中国では、ほとんどのモノの価格が需要と供給によって市場で決まるようになった。ただ、一部のモノは例外的に国が統制している。そのひとつが石油である。

中国の石油市場は、中国石油天然気集団（CNPC）、中国石油化工集団（SINOPEC）、中国海洋石油総公司（CNOOC）の3社が寡占している。これら3社はいずれも、石油の生産から精製、ガソリンの販売までを手がけている。

中国では北京や上海などの大都市で大気汚染が深刻化している。その原因のひとつとされているのが自動車の排ガスである。中国で販売されているガソリンは硫黄分が多い。もし硫黄分の少ないガソリンが販売されれば、大都市の大気汚染も改善されるであろう。しかし、硫黄分の少ないガソリンをつくるには、多額の設備投資が必要であり、石油市場を寡占している3社は、いずれも負担の大きい投資に消極的である。

石油企業が寡占状態ではなく、石油製品の価格も市場価格で競争が働いているとすれば、消費者はどの会社のガソリンを使おうかということを選択できる。環境汚染の深刻化とともに、中国では国民の環境に対する意識が高まっており、多少、価格が高くても大気を汚染しないガソリンが供給されれば、消費者はそちらを選ぶであろう。

しかし、石油市場は寡占状態にあり、ガソリン価格は統制価格になっているので、競争原理が働かない。規制に守られた石油企業は、設備投資をして硫黄分の少ないガソリンを生産すれば大気汚染を改善できることはわかっていても、投資を負担して消費者にそうしたガソリンを供給しようという動機がない。こうして大都市の大気汚染はなかなか改善されないことになる。

習近平総書記・李克強首相の指導部は、石油産業にも競争を導入しようと、民営企業の参入を認める方向を打ち出している。しかし、石油の生産や精製には巨額の設備投資が必要である。資金力の小さい民営企業が石油産業に参入するのは簡単ではない。石油産業に競争原理が働くようになるのはすぐには望めない。

■金利規制に守られてきた商業銀行

金融市場も統制によって競争原理が働いていなかった。

中国の商業銀行は、中国工商銀行、中国銀行、中国建設銀行、中国農業銀行の大手国有4銀行が総資産の大半を占める。中央銀行である人民銀行は、金融調節の手段として、貸出・預金金利を直接誘導してきた。近年、金利自由化に向けて、人民銀行は貸出・預金の基準金利から各銀行が設定する実際の貸出・預金金利の間の変動幅を、段階的に広げてきた。まず貸出金利は変動幅の制限をなくし、続いて15年10月には預金金利の変動幅も撤廃して、各銀行の金利の設定を自由化した。ただ、基準金利は金利設定の目安として存続している。

人民銀行は、将来、金利の誘導手段を、従来の貸出・預金金利を直接動かす方法から、銀行間の取引金利を誘導する方法へ変える考えで、上海での銀行間取引金利の1週間ものを指標にする方針とみられる。ただ、金利の誘導手段の変更はまだ実現しておらず、当面は、貸出・預金の基準金利を、各銀行が実際の金利を設定する参考にする指標として発表し続ける方針である。

大手国有商業銀行は、従来、金利規制によって手厚い利ざやが確保されていた。このため、貸出を増やせば増やすほど利益が出る構造であった。一方、国有企業は効率が悪くても地方政府などの補助金によってつぶれなかったので、国有企業に融資していれば安心だという構図になっていた。このため、大手国有商業銀行にはリスクを取って成長性のあるベンチャー企業に貸出しようという動機がなく、融資は国有企業に偏っていた。

習・李指導部は、民営のベンチャー企業が伸びることが新たな成長の原動力になるとして、こうした企業にも融資できる銀行を育てる目的から、民営の銀行設立を認めている。しかし、全国に支店網を張り巡らせた大手国有商業銀行は強い収益基盤を築いており、民営銀行が競争していくのは厳しい。また、ベンチャー企業に融資するための審査能力も、一朝一夕で得られるものではない。民営銀行が育っていくには時間がかかるであろう。

中国は「社会主義市場経済」を掲げている。ただ、この「市場経済」は、資本主義国の市場経済とは大きく異なる。中国の市場経済は、市場参加者が公平で自由な競争を保証されているものではない。株式市場には、うさんくささが付きまとう。中国的な市場経済とは、あくまで「社会主義」の冠がかぶせられた、資本主義国のものとは異質なものである。

第5章

危うい共産党支配

■外国人の前で「党員か」と聞かれるのは恥ずかしい

80年代後半、まだ改革開放が始まって間もない頃、日本商社の中国駐在員の人から、「私たちは、中国共産党がしっかりしているから商売できるんですよ」という話を聞いたことがある。中国では官庁は非常に縦割り意識が強い。また、広大な中国では、地方政府が中央政府の政策と必ずしも一致しない独自の政策を採っていたりする。こうした中で中国とビジネスを展開するにあたって、何かあった時に共産党に話を持って行けば何とかしてくれる、という趣旨であった。

しかし、その中国共産党の一党独裁は危ういものになっている。

２０００年代の前半、日本と中国、韓国の3カ国の競争力を比較しようという研究に取り組んだことがある。中国からは中国人民大学と上海社会科学院、韓国からはサムスン経済研究所に参加してもらった。日本語でリポートをまとめる目的であったので、中国、韓国ともに日本語のできる人が参加した。

参加者が一同に会して食事した時のことである。上海社会科学院の若い研究者が、人民大学の教授に、いきなり日本語で「あなたは党員？」と質問した。

筆者は、突然の質問に驚きながら、教授からは、「いいえ、党員ではありません」という答えか、「もちろん党員です」と、胸を張った答えがあるものだろう、と思った。

ところが、教授の答えは、意外にも、「外国人の前で、恥ずかしい質問をしないでくれ」というものであった。

この教授は党員であったが、聞いてみると、党員であるから当然、党費を払っているが、大学での党はたいした活動をしていないという。そこで、この教授は「党費を返してもらいたい、と思っているほどだ」というのだ。

筆者は、共産党員は党員であることに誇りを持っているのだろう、と思っていたから、党員であるかどうかを聞いた質問に「恥ずかしい」と教授が答えたことに驚きを覚えたのを忘れない。食事の席ということもあって、教授からは本音が漏れたのであろう。

■外交政策を変えた胡錦濤の「米国もたいしたことはない」発言

10年頃、中国のある全国紙の編集幹部が来日して筆者の職場を訪れ、内輪の会合を持った。この新聞は共産党の機関紙ではないが、ほかの新聞と同様に、中国では共産党のお墨付きがなければ発行はできない。

この編集幹部は、あるエピソードを通して、共産党に対する意外な意見を示した。そのエピソードというのは、リーマン・ショックの後、当時の胡錦濤総書記が、「米国もたいしたことはないな」と語った、というものである。このことを伝え聞いた編集幹部は、胡錦濤がそんなことをいうはずがない、と思って、何度も確認したという。その結果、胡錦濤の発言は間違いないことが分かって、驚いたという。編集幹部の受け止め方は、米国を見下した胡錦濤の発言が、傲慢極まりない、というものであった。

実は、この発言は、たった一言ではあるものの、その後の中国の対外政策が変わっていくきっかけになる、重要な一言だったのである。

中国はそれまで、外交政策の基本に、鄧小平が提唱した「韜光養晦」という考え方を据えていた。これは「才能を隠して外に表さない」という意味で、日本語の「能ある鷹は爪を隠す」にあたる。70年代末に改革開放に踏み切って以来、中国は経済建設を優先してきた。国内の経済運営に注力するために、周辺諸国との関係を含め、対外関係は波が立たないことが重要とされた。このような対外政策の基本となったのが、「韜光養晦」であった。

ところが、胡錦濤の、「米国もたいしたことはない」という発言は、隠忍自重していた中国の対外政策が転換する契機になる。これ以降、中国は実力相応の外交を追求していくことになる。とりわけ、周辺諸国との主権争いを熾烈にしていく「海洋進出」の姿勢を鮮明にして、南沙諸島（英文名スプラトリー諸島）などの実効支配を強めて、軍事施設の建設などを強行し、領海争いのある南シナ海で石油掘削設備を設置して、ベトナムやフィリピンなどとのあつれきを増した。日本の尖閣諸島周辺への船舶航行なども頻繁にするようになった。

16年7月に、中国とフィリピンが南シナ海の領有権をめぐって争っていた問題で、オランダ・ハーグの仲裁裁判所は、この海域における中国の管轄権は認められない、とする判決を下した。自らの主張が受け入れられなかったことに対して、中国は猛反発し、判決は「紙くずだ」と批判した。国際社会に背を向けても、強硬に「海洋進出」を推し進めていく中国の姿勢は、鄧小平の「韜光養晦」路線を放棄した胡錦濤の一言に端を発している。

■インテリ、マスコミ関係者の間で求心力を失う

編集幹部は、中国の対外政策が大きく変わる契機になった胡錦濤の発言のほかに、いくつかの事例を挙げながら、「(中国のような)これほどの大国の政治・外交を共産党だけが握っているのは異常である」ということを、しきりに強調していた。共産党の権力が強すぎるというのである。内輪の会合ということもあって、本音を語ってくれたのであろうが、この日

の会合は、編集幹部の率直な共産党一党支配に対する批判に終始したといっても過言ではなかった。

「私は開明派だ」という編集幹部に、帰り際、あまりに率直な物言いを心配して、筆者は「帰国したら発言に気をつけた方がいいですよ」と言ったのを覚えている。

人民大学教授の「党員であることは恥ずかしい」という発言と、全国紙の編集幹部の共産党批判は、インテリやマスコミ関係者の間で、共産党が求心力を失っていることを示していることの表れである。

マスコミ関係者では、89年に民主化運動を武力で鎮圧した天安門事件の際も、民主化を求める学生や市民に混じって共産党の機関紙である人民日報の記者らがデモ行進していた。筆者の知り合いの人民日報の記者は、戦車が天安門広場に突入して学生らが鎮圧された後も、広場に近づこうと、長安街を歩いていった。人民解放軍が近づいてくる市民に対して発砲する音が聞こえてくる状況だったので、「流れ弾に当たらなかったか」と心配したものであった。

■階層組織から成る共産党

中国共産党の党員数は15年末で８７７９万人に上る。傘下には李克強首相や前総書記の胡錦濤の出身母体である中国共産主義青年団（共青団）を抱える。共産党の組織は階層から成っている。共産党は５年に一度開く党大会で階層的な組織を組み直す。12年に開かれた第18回党大会では１５８人の中央委員候補と、２０５人の中央委員を選出した。中央委員は、５年の任期中に何度か全体会議を開いて、人事や重要政策を議論し決定する。任期中の３回目の全体会議の略称は「３中全会」で、この３中全会というのは、重要政策を決めることが多い。78年12月に開いた第11期３中全会は、鄧小平が主導権を握り、60年代から中国を大混乱に陥れた文化大革命と決別し、改革開放に大きく舵を切った。13年11月に開いた第18期３中全会では、国有経済以外の民営企業なども伸ばして混合所有経済を発展させることなどを盛り込んだ「全面的に改革を深化させる決定」を採択した。

中央委員の上には政治局が置かれている。政治局には常設の政治局常務委員会があり、日常の政策決定は常務委員会でなされる。ただ、より広い意見を踏まえた形で政策を決定する場合に、政治局委員と関係部門の責任者を加えた政治局拡大会議を開くということもある。趙紫陽が総書記だった時に、この方式をよく使った。第18回党大会で選出された政治局委員は、総書記の習近平や首相の李克強も含めて25人である。

政治局常務委員は、共産党の最高意思決定機関である。その地位は高い。常務委員になると、北京の中心の中南海での住居のほか、運転手やコックなどの使用人を含めてお付きの人が増え、待遇が格段に上になる。また、中央委員より上の指導者には、国民には知らされない内外の情報も掲載される「参考消息」というものが配られるが、常務委員になると、国家の機密にかかわるような情報も知ることができる。第18回党大会では、習近平や李克強も含めて７人が政治局常務委員に選出されている。常務委員の数は、重要政策を決めるにあたって多数決で決まらないことがないように、常に奇数になっている。

政治局常務委員は、任期を終えてからも、過去の行為に対して罪を問われることがない、というのが中国共産党の不文律であった。ところが、習近平は自らの主導権で進める反腐敗闘争の中で、17期政治局常務委員であった周永康を摘発して、この不文律を破った。

その反腐敗闘争の司令塔になっているのが、中央紀律検査委員会（中紀委）である。第18回党大会では、習近平が信頼を寄せる王岐山を書記として、総勢１３０人の中央紀律検査委員を選出している。日常活動を取り仕切る中紀委の常務委員には王岐山を含め19人が就任している。習近平政権のもとでは、中紀委ににらまれると、摘発される恐れがあるとして、中紀委の動向に地方の官僚などは戦々恐々としている。中紀委は反腐敗闘争の一環として、各事業組織などに巡視チームを派遣して腐敗行為の摘発を進めている。

■企業でも自治体でも共産党が超越した権限

共産党は、全国の自治体や企業などに組織を張り巡らしている。共産党の一党独裁体制は、すべての事業所や企業、自治体などで、共産党の組織のトップが常に超越した権限を持つことが支えになっている。北京市であれば、北京市長よりも共産党の北京市党委員会書記の方が権限を持っている。各省や自治区でも同様である。企業でも、会長にあたる董事長や、社長にあたる総経理よりも、その企業の党委員会の書記の方が、地位が上である。

共産党がすべてを支配する政治において、国政は、毎年春に開かれる全国人民代表大会（全人代、日本の国会に相当）が重要な行事になっている。国会議員にあたる全国人民代表は北京市などの直轄市や各省、自治区で選出される。基本的には共産党が認める人が候補になるため、共産党を支持する人で国会にあたる機関が構成されていることになる。

年に一度の全人代全体会議では、首相が政府活動報告をする。この中で、過去1年の政府の活動を振り返るとともに、新たな1年の政府の活動について、展望を示す。特に経済成長目標を示すことから、首相の政府活動報告は注目される。このほか、国家予算や財政報告が示され、首相の政府活動報告などとともに、代表の投票によって採択される。

全人代は立法機関である。年に一度の全体会議の休会中は、全人代の常務委員会が自ら立法作業をしたり、政府の提案した法律を審議する。

■共産党の一党支配に代わる勢力はない

中国には、全人代のほかに、国政の助言機関とされる中国人民政治協商会議（政協）がある。政協は全人代の全体会議と同じ時期に年に一度の全国の代表による会議を開催する。全人代を含めて「両会」と呼ばれる。政協には、共産党のほかに、中国国民党革命委員会、中国民主同盟、中国民主建国会、中国民主促進会、中国農工民主党、中国致公党、九三学社、台湾民主自治同盟の8つの「民主党派」と、「無党派民主人士」などが参加している。

民主党派は野党ではない。あくまで、共産党が存在を認めており、共産党に協力して参考意見を述べるのが役割である。共産党に反対することはありえない。政協で、共産党の主張と対立する意見が出たり、共産主義を否定するような考えが表明されたことはない。政協は、民主党派も加えることによって、共産党の一党支配が、他の政党の意見も聞いていることを示すための機関であり、大政翼賛会である。

中国の問題は、共産党の求心力がいかに低下していても、共産党の一党支配に代わる政治勢力が存在しないことにある。共産党と違う政治理念を示して、一定の力を持つ政党は中国にはない。

中国の社会は、共産党の一党支配によって成り立ち、共産党の一党支配を固める仕組みが隅々まで出来上がっている。国政は共産党が認めた全人代代表によって執行され、地方にもそれぞれのレベルの人民代表大会がある。地方議会の議員にあたる、地方の人民代表も共産党の認める人しか選ばれない。国のレベルでは首相の上に共産党の総書記が立ち、地方でも首長の上に、各レベルの共産党委員会の書記が存在する。首相や首長は共産党の意向を無視して政策を決めることはできない。企業や事業単位も同様で、総経理や董事長の上に党委員会書記がいて、党の意向に沿った経営や事業運営をしなければならない。

中国では司法の独立もない。裁判は共産党の意向によって判決が決まる。

共産党の一党支配の政治によって不利益を被った人は、一応、不利益の内容を訴えることはできる。特に、農村では、横暴な役人が農地を強制的に収用したりすることが絶えない。こうした場合、その地域の役人を飛び越して、北京の中央政府に直接訴える「上訪」ということができる制度がある。しかし、実際は「上訪」されると、その地域の役人は面子をつぶされるので、訴えにいった地方の人は強制的に連れ戻されるのが常である。

■毛沢東以来、初めて後ろ盾を持たない習近平

共産党のトップは歴史的に政治の変転によって誕生してきた。49年の建国以来、党主席を務めてきた毛沢東が76年に死去すると、生前に毛沢東が、「あなたがやれば私は安心だ」と後事を託したとされる華国鋒が後任になった。78年12月の第11期３中全会で主導権を確立した鄧小平は、81年に華国鋒を辞めさせ、共青団出身の胡耀邦を後任に据えた。しかし、87年に起きた学生の自由化運動に対して対応が手ぬるかったとして、同年に胡耀邦を辞めさせ、首相であった趙紫陽を総書記に据えた。

89年４月に胡耀邦が急死すると、その死を悼む人たちが天安門広場の人民英雄記念碑に花輪を捧げ、追悼の動きが６月に民主化運動を武力で鎮圧した天安門事件へとつながっていった。天安門事件で趙紫陽が失脚すると、鄧小平は上海市党委員会書記であった江沢民を総書記に引き上げた。鄧小平は97年に死去するが、生前、江沢民の後の総書記は共青団出身の胡錦濤にするように指名していた。これに基づいて、02年に江沢民の任期が終了すると、総書記は胡錦濤に交代した。

このように、胡錦濤までの共産党トップは、毛沢東、そして鄧小平がすべて指名してい

た。鄧小平がすべての役職を辞してからも最高実力者と呼ばれてきたゆえんである。

12年の第18回党大会で総書記に就任した習近平は、毛沢東を除くと、新中国の歴史上初めての後ろ盾を持たない共産党トップになった。このため、習近平は就任直後から、自らの立場を正当化する必要に迫られた。そこで、習近平が実行したのは、反腐敗闘争の推進と、自らへの権力の集中と、宣伝の強化である。

■反腐敗闘争で役人は戦々恐々

中国共産党はあらゆる分野の権限を持つことから、贈収賄などの腐敗は根深く進んでいた。日本で、銀行関係者に取材した中国の記者は、「日本の銀行は、融資にあたって賄賂をとらないのですか」と真顔で質問して、この銀行関係者を当惑させた。この質問は冗談ではなく、中国ではごく当たり前のことを前提に聞いたのである。

習近平は党に染み込んだ腐敗に危機感を強めていた。腐敗を放置すれば共産党の一党支配は危うくなると感じていた。このため、中紀委が大物政治家を含めて腐敗行為を次々に摘発するとともに、腐敗につながりそうな行為を慎むように指示していった。

それまで、対中ビジネスでは、外資系企業と中国企業の間で派手な宴会などが開かれるのが慣例になっていたのが、そうした宴会は一気に自粛された。外資系企業と中国企業の打ち合わせは、中国企業の社員食堂で質素に行われるようになった。日本に来る中国の代表団も、団長の海外訪問日数が限られることから、肝心の団長が旅程の途中で帰国してしまって、招待側の日本関係者が当惑するというようなこともあった。宴会の自粛で飲食消費は低迷し、中国企業のトップが突然摘発されるので、日本企業がトップの消えた合弁相手の誰と相談すればいいのか分からず右往左往することもあった。

「ハエ（役人）もたたけば、虎（大物政治家）もたたく」と習近平が言う反腐敗闘争は、摘発の基準などが定められたものではない。習近平と中紀委ににらまれれば、摘発される恐れがある。摘発される場合は「重大な紀律違反」を犯したとされ、党籍を剥奪されたり、裁判にかけられて無期懲役などの刑罰が言い渡される。裁判は共産党の意向によって判決が出る。中国では汚職にかかわっていない官僚などいないとされるだけに、官僚たちは戦々恐々として、積極的に仕事をするどころではなくなった。

反腐敗闘争の盛り上がりの中で、国民の間では、「中国不薄、不厚。是平的」という言葉が言われた。直訳すると、「中国は薄くなく、厚くない。平らである」ということになる。実は、「薄」は失脚した薄熙来・前重慶市党委員会書記を指し、「厚」は同じく失脚した徐才厚・前中央軍事委員会副主席を指す。「平」は習近平のことである。「薄」と「厚」は失脚したので否定され「不」となり、中国は「平」になったというのである。「是〜的」という表現は〜である、という意味とともに、〜のものである、という所有も意味する。中国は習近平のものであり、いまや、習近平の意のままである、という意味が込められている。中国人独特の表現である。

■経済政策の策定も手中に収めた習近平

権力の集中では、習近平は、江沢民や胡錦濤と同様に、国家主席と中央軍事委員会主席を兼ね、党トップとともに国家元首の地位と軍権を握っている。習近平が江沢民や胡錦濤と違うのは、中央財経領導小組の組長を兼ねていることである。「財経」は財政と経済であり、「領導」は指導、「小組」はグループの意味である。中央財経領導小組は、重要な経済政策を協議して決める機関であり、組長は首相が兼ねることが慣例になっていた。その組長を李克強首相ではなく、習近平が兼ねたということは、党のトップと国家を代表する顔としての国家元首、それに軍の統帥権に加えて、経済政策の策定も自らの手中に収めたことを意味する。

これまでの党総書記と違って、経済政策を首相に任せず、自らが経済政策決定に乗り出したことが、習近平の権力集中の大きな特徴である。その象徴として、16年から始まった第13次5カ年計画の策定過程で、策定の経過や内容について、自ら詳しい説明をしている。第13次5カ年計画は、16年3月の全人代で採択された。これに先立つ15年10月に、習近平はこの計画に関する「説明」を第18期5中全会でしている。この中で、第13次5カ年計画では、貧困地域が貧困から脱却することを重点政策とするなどの独自色を打ち出している。

■中国版「紅白」に党宣伝色で国民はうんざり

宣伝の強化では、習近平が外遊した時の報道が突出している。習近平が外国を訪れ、海外の要人と会見すると、人民日報のサイト「人民網」では、通常の記事の上段に特集を組む。一面いっぱいに習近平と訪問先の要人が会見している写真を載せ、記事も大きく扱う。特に目を引くのは、習近平が要人との会見で発言した内容や、訪問先で述べた話などについて、「国際人士」が高く評価している、という見出しの記事が掲載されることである。習近平の外遊は常に高い成果を収めたことになっている。

国内でも習近平の「重要講話」や地方の視察は、大きな写真入りで大きく扱われる。「重要講話」や視察の際の談話などは、いずれも党員が学習すべき対象として改めて取り上げられる。こうした報道ぶりは、60年代に文化大革命を発動して中国全土を大混乱に陥れた毛沢東に対する個人崇拝を思い出させる。

中国には民主的な選挙も、世論調査もない。しかし、携帯電話のチャットアプリでのやりとりなどを通じて、指導者に対する評判をうかがうことができる。

中国の人たちの指導者への評価は大変にはっきりしている。江沢民のことは嫌いな人が多い。画像が編集できるアプリを使って、江沢民の顔を貼り付け、江沢民がダンスしているような動画をつくって茶化している人もいる。一方、胡錦濤については、「無能」「何もできなかった人」という評価が固まっている。

習近平は、12年の第18回党大会で総書記に選ばれて、最初のうちは、反腐敗闘争に注力しているところが人々に評価され、「私たちのために一生懸命やってくれている」という声が多かった。しかし、個人崇拝を思わせるような宣伝が繰り返されるうちに、人々の間でも、うんざりした雰囲気が広がっている。こうした雰囲気を決定的にしたのは、16年の春節（旧正月）前夜に放送された、中央テレビの「春節聯歓晩会（略称：春晩）」である。この番組は、日本の「紅白歌合戦」に相当する人気番組で、人々は年に一度の「春晩」を楽しみにしている。ところが、16年の「春晩」は、共産党の宣伝が全面に出て、視聴者の反応は「つまらなかった」「今まで見てきた『春晩』の中で最低だ」というものであった。国民的娯楽番組の影響は大きい。これで、人々の間に、共産党、ひいては習近平の統治は独裁的だという受け止め方が一気に広まった。

■マグマのようにたまる共産党支配に対する反感

それでも、選挙によって政権が変わる仕組みのない中国では、いくら習近平や共産党の人気が下がったからといっても、共産党による一党支配は続く。17年には習近平は10年間の任期の折り返し点である5年目を迎え、第19回党大会で、自らの後継者を見据えた政治局常務委員の入れ替えをすることになる。22年の第20回党大会では、習近平の後継が決まることになる。

ただ、選挙による政権交代という仕組みはないにしても、インテリやマスコミ関係者の共産党離れは既に決定的になっている。それに加えて、反腐敗闘争にもかかわらず、コネが幅を利かせる中国社会の仕組みは変わっておらず、人々の共産党統治に対する反感は、地中のマグマのようにたまっている。

89年に民主化運動を武力で鎮圧した天安門事件の時には、統制価格と市場価格の差を利用して物資を横流しして儲ける「官倒」（官僚ブローカー）への反感に加え、物価高騰が学生に限らず広範な人々を突き動かす要因になった。

近年は、物価は落ち着いた動きをしているが、共産党の統治に対する不満に加え、人々の間に、改革開放以来の経済成長によって、権利意識が高まっている。何らかのきっかけによって、共産党の一党支配にあからさまな拒否を表明するデモなどの動きが起きないとも限らない。共産党はいつまでも安泰と言うことはできない。

第6章

面従腹背の地方政府

■大型鉄鋼投資を細分化して審査をすり抜け

中国には、「上有政策、下有対策」という言葉がある。直訳すると、「上に政策あり、下に対策あり」となる。「上」とは中央政府を指す。「下」とは地方政府を指す。この言葉は、中央政府が、中国全体の進むべき方向を考えて政策を立てると、地方政府はその政策を素直に実行するのではなく、何とか自分たちの利害を押し通そうと、あの手この手の「対策」を編み出す、ということを意味している。

この言葉をそのまま示した事件が04年に起きた。「鉄本鋼鉄事件」である。民営企業の江蘇鉄本鋼鉄有限公司は、02年に江蘇省の常州市と揚中市で大型鉄鋼プロジェクトを計画した。当初、年産規模は２００万トンの予定だったが、プロジェクトを検討する段階で規模は膨れ上がり、最終的には年産８４０万トンの大型プロジェクトになった。

この頃、中国では投資過熱が問題になっており、投資を抑制するために、一定規模を上回るプロジェクトについては、環境への影響なども含めて、審査が厳格になっていた。

そこで、鉄本鋼鉄は、審査をすり抜けるため、プロジェクトを22に細分化し、７つのダミー会社を設立した。環境への影響について、プロジェクト全体の規模からすると、事前の影響評価が必要だったにもかかわらず、それなしで着工しようとした。土地についても、必要な手続きなしで不法に農地を強制収用していた。資金についても、設立されたダミー会社に巨額の資金が渡ったとされる。

事態を重く見た中央政府は、当時の温家宝首相自らが鉄本鋼鉄の行為を厳しく指弾し、プロジェクトの停止を命じて、江蘇省や常州市、揚中市の関係者を処分した。鉄本鋼鉄の戴国芳董事長は逮捕されている。

鉄本鋼鉄事件は、中央政府と地方政府の関係を象徴的に物語っている。中央政府は、全体の投資が過熱すれば、インフレなどのマクロ経済への悪影響を防ぐため、投資を抑制しようとする。一方、地方政府は中央政府の方針などお構いなしに、地方の雇用や税収にプラスになるなら、投資計画を認めようとする。環境問題についても、高度経済成長で環境汚染が深刻化した状況を改善しようと、新規プロジェクトでは環境の事前評価を義務付ける。しかし、地方政府は環境への影響が出ると分かっていても、やはり雇用や税収を優先させる。

プロジェクトを細かく分けて、中央政府の規制をすり抜けようとした鉄本鋼鉄事件は、「上の政策」に対する「下の対策」の最たるものと言えよう。

何度も地方に無視された鉄鋼の設備廃棄求める通達

鉄鋼産業の動向は、中国の中央と地方の関係を象徴している。中国の粗鋼生産は96年に初めて1億トンの大台に乗せ、その後、次々に大台を更新して、13年には8億トン台と、17年間で8倍に膨らんだ。14年、15年も8億トン台を維持し、世界の粗鋼生産に占める割合は5割に上る。

粗鋼生産が拡大を続ける過程で、既に08年のリーマン・ショック前から、鉄鋼産業の生産能力が過剰であるという認識が当局にはあった。そこで、国家発展改革委員会（発改委）などは、老朽化した鉄鋼生産設備を廃棄するように、何度も通達を出した。過剰な生産能力を抑制するとともに、高度経済成長によって深刻化した大気汚染をはじめとする環境問題の改善も目指したものであった。

しかし、通達は地方政府によって実行されなかった。粗鋼生産が拡大を続ける中で、鉄鋼産業は大規模製鉄所のほかに、中小の製鉄所が乱立し、その多くは地方政府の管轄であった。地方政府はこれら中小製鉄所の中で、規模が小さいために生産効率が低かったり、設備が老朽化していたり、環境を汚染するといった、発改委の通達に抵触して廃棄しなければならない製鉄所があっても、雇用と税収を確保することを優先して、通達を実行しなかった。

08年にリーマン・ショックが起きると、輸出の落ち込みから景気が悪化し、中国政府はいち早く2年で4兆元の大型景気対策を打ち出した。この対策は高速道路や地方の空港などのインフラ整備が柱になったが、地方企業の設備投資にまで資金が回り、中小鉄鋼メーカーの淘汰は先延ばしになってしまった。

4兆元の景気対策の効果によって中国経済はV字型の回復を果たした。しかし、その後も発改委などは鉄鋼の余剰生産能力の削減についての通達を何度も出したが、相変わらず地方政府によって実行されないままであった。

■余剰生産能力で鋼材の安値輸出が国際問題に

12年の第18回共産党大会と、翌13年の全国人民代表大会（全人代、国会に相当）によって発足した習近平総書記・李克強首相の指導部は、リーマン・ショック後の景気対策が鉄鋼産業などの余剰生産能力を深刻化させ、地方政府の債務も膨らんだことから、大規模な財政出動によって景気を刺激することには慎重な姿勢をとった。

こうした中で、労働力人口の減少によって景気が緩やかに減速していくと、鉄鋼産業の余剰生産能力の問題はより深刻になってきた。中国では、日本の粗鋼生産の３倍にあたる３億トンの生産能力が余剰と言われる。内需が伸び悩む中で、中国の鉄鋼メーカーは輸出に活路を求め、15年の中国の鋼材輸出は初めて１億トンを超え、日本の粗鋼生産を上回った。一方、安値での輸出に走ったため、15年のトン当たり平均輸出価格は５５９ドルと前年より26％も下がった。

中国の余剰生産能力を背景にした鋼材の安値輸出については、16年６月の米中戦略経済対話で米国側が取り上げ、中国側に懸念を示した。

余剰生産能力の問題が深刻なのは鉄鋼産業だけではない。セメントや板ガラス、アルミなどの業種でも生産能力が余っている。こうした業種はリーマン・ショック後の大型景気対策による住宅向けなどの需要拡大に乗って設備を増強したが、その後の景気減速によって生産能力の過剰が顕在化している。

こうした構造的な問題に対して、李克強首相は16年３月の全人代での政府活動報告で、16年の経済運営の重点について、「供給サイドの構造改革を強化し、持続的な成長の源泉を強くする」と述べている。「供給サイドの構造改革」と言うのは、景気テコ入れのために需要を膨らませるのではなく、供給能力が過剰になっている業種の問題を解決するということである。

構造改革の目玉として、李首相は、粗鋼生産能力を1億～1億5000万トン削減する目標を掲げた。削減幅は日本の粗鋼生産を上回る。鉄鋼と同時に石炭も構造改革の重点に挙げている。中国国内では、この2業種で構造改革によって180万人の雇用に影響が出ると言われている。

■古くて新しい「ゾンビ企業」の問題

李首相はまた政府活動報告で、構造改革の一環として、「ゾンビ企業」の淘汰を進めることを強調した。「ゾンビ企業」を「合併や再編、債務の再編、あるいは破産・清算などの措置を講じて、積極的かつ穏当に処理する」としている。「ゾンビ企業」とは、赤字を垂れ流しながら、地方政府の補助金や銀行の融資によって生き延びている企業を指す。

しかし、「ゾンビ企業」という言い方は新しいが、赤字を垂れ流しながら存続している企業の問題は以前から指摘されていた。

中国では90年に証券取引所が設立されてから、当初、新規上場企業は地方に割り当てられていた。地方政府は新規上場企業を選ぶにあたって、成長性のある企業を選ぶのではなく、赤字に陥っているが、雇用や税収の観点から存続を望む企業を上場させ、株式市場での資金調達を通じて救済しようというところが多かった。

このため、株式市場には「ゾンビ企業」が多く上場してしまったのである。「供給サイドの構造改革」という言い方も目新しいが、「ゾンビ企業」と並んで、鉄鋼産業などの供給過剰の問題は以前から指摘されていたのである。

これらが長年解決されなかった背景には、地方政府が地元の雇用や税収ばかりを優先して、大局的な経済政策に協力してこなかったことが挙げられる。

こうした背景を考えると、李首相の政府活動報告で強調されている「供給サイドの構造改革」や「ゾンビ企業」の淘汰も、スローガン通り進むかどうかは不透明である。

実際、李首相は政府活動報告の中で、地方幹部の中に中央の政策を実施しなかったり、不作為が見られると指摘している。

■止められない豪華な建物の建設

中国には31の省、自治区、直轄市がある。直轄市は北京、天津、上海、重慶の4つである。中国の省の人口と面積を平均すると、欧州の国に相当する規模である。広東省の人口は1億を超えている。共産党が一党支配しているから、それぞれの自治体は党委員会の書記がトップであり、省長などの首長はナンバーツーにあたる。

地方自治体の党トップや行政の首長は、欧州の一国を治めているのと同じ規模の地方を統治しているわけである。彼らは、その自治体の統治の成績が良ければ、中央の党や政府の役職を担う出世レースに加わることができる。その場合、分かりやすい成績は域内総生産である。

近年、中国全体の高度経済成長の結果、大気汚染などの環境問題が深刻になり、地方自治体のトップの成績評価においても、環境問題への取り組みを重視すべきである、という議論が盛んになった。しかし、現実には、環境問題への取り組みはそれほど重視されていない。もし、環境対策が幹部の評価において決定的な要素になっていたら、北京などの大都市の深刻な大気汚染はもっと緩和されているだろう。

中国には「業績工程」という言葉がある。地方官僚が在任中の業績として残すために、客観的な必要性と関係なく建設したプロジェクトという意味である。地方へ行くと、田んぼの真ん中にポツンと立派な体育館が建っていることがある。聞いてみると、日本の国体にあたる全国運動会（全運会）のために建てられたものであるが、全運会の開催後は使われていないという。こうした建物を含めて、無駄な建築物の総称として、「楼堂館所」という言い方が中国にはある。「楼」はビルのことで、「弁公楼（オフィスビル）」が代表的である。「堂」

には、「大礼堂（大会議室）」などがある。「館」は「展覧館」や「記念館」などで、「所」には「招待所（宿泊所）」などがある。「楼堂館所」は総じて高級な建物を指す。中国では改革開放に踏み切ってから日が浅かった80年代後半以降、しきりに「楼堂館所」を建設しないように、という呼びかけがなされ、近年も同様のことが言われている。

筆者も80年代後半に地方の小さな自治体で、地元の発展とあまりに不釣合いである豪華なビルの役所に案内されて戸惑ったことを覚えている。

■地方によって産業の発展に大きな違い

広い中国では、「地方」と一言で言っても、発展の段階が違うし、経済の特色も異なる。黒龍江省、吉林省、遼寧省の東北三省は、建国当初から鉄鋼などの重工業の基地とされてきた。近年は自動車産業も立地しているが、経済の中心はやはり重工業であり、高度経済成長から経済が減速するにつれて、鉄鋼などの過剰生産能力が重荷になり、経済成長は低迷している。

一方、広東省は、地理的に香港との経済的な結びつきが強い。深圳、珠海、汕頭の三つの経済特区を抱えて、改革開放の初期から外資を積極的に誘致して、台湾資本の投資も受け入れている。改革開放の当初は華僑資本などの投資で繊維産業を発展させたが、その後、電気機器や自動車産業などに産業の幅を広げている。広州を軸に三つの経済特区と珠江デルタ経済圏を形成している。

上海は、改革開放以前には国有企業が中心の経済であったが、90年代以降、浦東開発区の開放をテコに外資を積極的に誘致した。日米欧の資本のほか、台湾のパソコン関連の投資が広がり、上海を扇の要として、蘇州や無錫などと長江（揚子江）デルタ経済圏を形成している。上海証券取引所を抱える浦東は、外資系銀行も積極的に誘致して、香港と並ぶ金融センターを目指している。

広東省や上海などの外資誘致をテコに発展してきた沿海部と対照的に、内陸部には、外資の誘致に出遅れているところも多い。また、石油や石炭などの資源開発に依存してきた地域や、農業以外にこれといった柱になる産業が見当たらない地域もある。

このように、発展段階や経済の特色も違う広大な地方は、どうしても、自分の地域の利害を優先させた政策に走りがちである。中央政府としては、環境問題を重視したい、と考えても、発展から遅れた地域は経済成長を優先するし、中国全体としては、外資の誘致を「量から質へ」と転換したい、と思っても、そもそも外資の誘致が遅れている地域にとっては、どんな業種でもいいから、外資に来て欲しいと望む。そこに、「上有政策、下有対策」となりがちな背景がある。

■「北京愛国、上海出国、広東売国」

中国は広い。一口に地方と言っても、地域ごとに食事の好みも違うし、言葉も違う。四川料理はしびれる辛さが特徴で、北京料理はしょっぱい。上海料理は薄味で、広東料理は甘い味付けが特徴である。北京の言葉がベースになっている普通話（標準語）と、上海語や広東語はそれぞれまったく違う。首都であり、政治の中心地である北京の人たちは、政治に関する話をよくするし、政治動向に強い関心を持っている。北京から離れていて、経済都市の色彩が濃い上海の人たちは、物価動向など、政治よりも経済に関心を持っている。もっと北京から遠い広東省の人たちは、北京よりも香港の方を向いている。地元テレビ局の番組は普通話ではなく、広東語であるし、香港からの電波が受信できる地域では、香港のテレビ番組を視聴している人も多い。

89年に民主化を求める学生らの運動を武力で鎮圧する天安門事件が起きた後、「北京愛国、上海出国、広東売国」という言葉が流行した。北京では、天安門事件を教訓として、愛国主義の教育が職場などで実施され、真面目に取り組んでいるというのである。一方、もともと留学などで外国に行く人が多い上海では、天安門事件をきっかけに、出国熱が一段と高まった。上海の米国総領事館には、ビザを取得しようとする若者たちが長い列をつくった。さらに、香港との関係が強い広東省では、天安門事件の後も、それまでと同じように外国とのビジネスが進んでいたことを、「売国」と揶揄している。

首都の北京に学ぶ大学生らは、地方から上京してきた人が多い。彼らは、民主化の情熱にかられて、街頭でのデモや天安門広場でのハンストなどに参加した。上海でも学生がデモ行進した。しかし、北京と違ったのは、郊外にあるキャンパスから市中心街まで、整然とデモして、最後に集会を開いて解散すると、当局が用意した車両でキャンパスに戻っていたのである。上海は、北京と違って地元の学生が多い。彼らは、自分たちの行動が当局の撮影するビデオに写って、親の立場に影響することを恐れて、当局の規制に沿った行動を取るのである。

ただ、上海でも、北京の学生らの運動が武力で鎮圧されると、抗議する学生らが市内のあちこちにバリケードをつくって、交通を遮断した。バスが走れなくなり、外資系企業などの現地スタッフも出勤して来なくなり、ビジネスは停止した。ところが数日後、当時の朱鎔基市長がテレビに出演し、「学生の皆さんの愛国の思いは理解できるが、ごろつきの行動は許さないぞ」と一喝すると、翌日、バリケードはきれいになくなって交通は復旧し、ビジネスも元通りになった。日本の商社の人は、「朱鎔基さんの名演説の効果はすごかった」と感嘆していた。

北京から遠く離れた広東省の省都、広州市では、天安門事件を受けて、少数の学生が広場に集まってきた。しかし、当局が説得するより前に、学生同士の間で話し合い、「ここで抗議行動をしたら、自分たちの就職に不利になる」ということでまとまり、解散してしまった。「広東売国」と言われる所以である。

■記念日の前後だけ取り上げられる雷鋒

中国には、「雷鋒はどこからともなく来て、どこへともなく去って行く」という言い方がある。雷鋒というのは、62年に22歳の若さで殉職した人民解放軍の兵士である。生前、自分を省みず、公のために奉仕したことが「雷鋒精神」として模範にされ、毛沢東が63年に「雷鋒同志に学ぼう」という題詞を書いて、3月5日を「雷鋒に学ぶ記念日」とした。この記念日の前後には、雷鋒の故事を学習する催しなどが開かれ、人々は雷鋒のことを偲ぶのであるが、この期間が過ぎると、雷鋒のことは忘れ去られてしまうことを「どこからともなく来て、どこへともなく去って行く」と皮肉を込めて表現している。

筆者が80年代末に上海に駐在していたころ、雷鋒記念日の少し前になると、繁華街に早々と「雷鋒同志の精神に学ぼう」といった横断幕が掲げられる。地元のテレビニュースでは、その様子を映して、「上海では今年も雷鋒同志に学ぶ催しが繰り広げられている」と伝える。しかし、実際には、市内に横断幕が張られているだけで、人々はいつもと変わらずに仕事をし、生活している。そして、雷鋒記念日が過ぎると、さっさと横断幕は取り外される。その様子からは、「お決まりの政治学習は、早く取り組んだ格好を見せて済ませよう」という、上海人気質が感じられた。

天安門事件の後、事件の教訓を学ぶという趣旨の政治学習会を上海で取材する機会があった。会議室の後ろの方で、邪魔にならないように傍聴したが、後ろの方に座っている参加者の中には、眠そうにしていたり、退屈そうにしている人たちがいて、講師の話を真剣に聞いている雰囲気ではなかった。

■チベット独立は考えられない知識人

筆者が上海に駐在していたころ、知識人と話していたら、その人は、「上海の人は、一生懸命に働いて納めた税金が、チベットのために使われているのを、不満に思っています」と言う。筆者は日ごろから、「こんなに広くて多様な中国の各地をひとつの国として統治するのは無理ではないのか」という素朴な疑問を抱いていた。そこで、その知識人に、「そんなに不満なら、いっそ、独立したがっているチベットや新疆ウイグル自治区を独立させたらいいのではないですか」と聞いてみた。

その知識人は、しばらく考えた後、「中国の知識人には、チベットや新疆の独立を許すということは考えられないです」と答えた。中国には、１８４０年のアヘン戦争以後、世界の列強に侵略され、苦しんできた歴史がある。共産党によって新中国として確立した統一中国を確保していなければ、再び「弱い中国」に戻ってしまうという意識が、中国の知識人にはあるようだ。

地方によって、食も言葉も人柄も違い、経済の発展段階や産業の特色もバラバラで広大な中国を、中央政府がまとめるのは容易ではない。これからも、中国では、「上有政策、下有対策」の状況が続いていくだろう。

第7章

ドル一極支配に挑む人民元

■「兌換券」の両替で稼ぐ「新疆マフィア」

中国に駐在すると、給料を受け取るために中国の銀行に口座を開かなければならない。筆者は89年春に北京から上海に転勤して、上海の外灘（バンド）にある、中国銀行に口座を開いた。銀行から外へ出ると、黒いジャンパーを着た若者が数人、銀行から出てきた外国人を取り囲んで、「チェンシマネー」と、訛りの強い英語で話しかけてくる。北京では見られなかった光景に、最初は何のことかと面食らった。

彼らは「新疆マフィア」と呼ばれる集団である。「新疆マフィア」は、両替によって利益を得ている。当時、外国人が円やドルで送金されてくるお金を、中国の通貨である人民元にして口座から下ろすと、「外貨兌換券」という紙幣が支払われた。「兌換券」は、外貨の裏づけがある人民元で、中国国内の人々が使う人民元とは違う紙幣である。「兌換券」を持っていると、外国人向けの免税店で、輸入されたテレビなどを購入することができた。こうした商品は一般の人民元では買えない。

このように、外貨の裏づけがあって、特典のある「兌換券」は、建前の上では人民元と同じレートであり、外国人が銀行からお金を下ろす際は、ドルや円との人民元の交換レートが適用されていた。ところが、ヤミ市場では、「兌換券」は国内の人々が使う人民元よりも高いレートで人民元と交換されていた。

このレートの差を利用して、人民元を増やすのが「新疆マフィア」の手口である。しかも、「兌換券」と人民元の交換比率は都市によって違う。「新疆マフィア」は、北京から始めて、より交換比率の大きい上海で人民元を増やし、さらに、もっと交換比率の大きな広東省の省都である広州で、もっと人民元を膨らませる。そして、最後には、広州で香港から密輸されたテレビを買い込み、新疆へと運ぶ。新疆では売っていない外国製のテレビは、現地で高く売れる。こうして新たな元手を稼ぐと、その資金で、再び北京から「兌換券」と人民元のヤミ取引を始めていく。

このような「新疆マフィア」の手口を、上海の新聞で読んだ時は、「もうける方法をよく考えるものだ」と感心した。

「兌換券」が使われていた頃、外国人が「兌換券」で買い物をすると、お釣りは人民元で返って来る。「兌換券」で買い物をしているからといって、人民元よりも安く買えるということはなく、人民元での支払いと同じ額を払わなければならない。

上海に勤務していた頃、日常の買い物は雇っている運転手に頼んでいた。運転手には「兌換券」を預ける。運転手はその「兌換券」を手持ちの人民元と交換して、人民元で買い物をする。そして、「兌換券」はヤミ市場で、人民元よりも高いレートで交換する。このようにして増やした人民元で、運転手は金の指輪を買っていた。「兌換券」で買い物させてもらうおかげで、指輪が買えた、と嬉しそうに見せていた。

■外貨と人民元を切り離していた「兌換券」

「兌換券」は中国が改革開放に踏み切った70年代末に導入され、95年に廃止されるまで、およそ15年流通した。その間、実質上の二重レートも存在した。「兌換券」は、人民元と外貨の流通を切り離すのが目的だった。外国人は中国に入国すると、「兌換券」または人民元を中国国内で使うが、帰国する時には、基本的に使い残した「兌換券」や人民元を中国国外に持ち出すことはできず、外貨に両替しなければならなかった。

「兌換券」の存在は、人民元と外貨の関係を、歴史的に物語っている。「兌換券」が流通していた当時、中国の人々が海外に旅行するのは、官僚などが公的な仕事で出張するような場合に限られ、外貨の持ち出しも厳しく制限されていた。「兌換券」が廃止されて、およそ20年が経つ現在、日本をはじめ海外へ中国の人々が大勢、観光旅行にでかけ、各地で土産物や家電製品、化粧品などを「爆買い」している。中国の人々の所得が大きく増えたことが背景であるが、外貨の持ち出し規制が緩和されたことも大きい。こうした通貨をめぐる状況の様変わりは、中国経済の変化を端的に物語っている。

■SDR構成通貨への採用でローカル通貨から国際通貨へ

「兌換券」に象徴されるように、改革開放の初期には、人民元は外貨と切り離されたローカル通貨であった。その人民元の国際的な地位に大きな変化が現れたのが、15年11月に国際通貨基金（ＩＭＦ）が決めた、人民元の特別引出権（ＳＤＲ）構成通貨への採用である。ＳＤＲは、実際に流通する通貨ではないが、ＩＭＦ加盟国がもし通貨危機に陥った場合、その加盟国はＳＤＲと引き換えに、他の加盟国からＳＤＲの構成通貨の中の通貨を融資してもらうことができる。ＳＤＲは通貨バスケットによって構成された仮想通貨であり、人民元が採用される前は、ドル、ユーロ、円、ポンドによって構成されていた。ＩＭＦの決定によって、人民元はＳＤＲの第5の構成通貨になった。ＳＤＲの構成通貨は、世界貿易に占める比重など、国際性が求められることから、人民元はＩＭＦによって国際通貨としてのお墨付きを得たことになった。

改革開放に踏み切って間もない81年の中国の貿易総額は440億ドルだった。輸出と輸入はともに220億ドルだった。15年の貿易総額は3兆9535億ドルで、輸出が2兆2735億ドル、輸入は1兆6800億ドルだった。貿易総額は34年間で90倍に達している。輸出は103倍に膨らみ、輸入は76倍になった。中国は世界最大の貿易大国になっている。改革開放に踏み切る前の計画経済時代は、世界経済に対してほとんど閉鎖的な経済であったが、改革開放によって、積極的に貿易を拡大してきた。外資を誘致して、外資の設立する合弁企業などが生産に必要な設備類や原材料などを輸入して、製品を輸出してきた。

直接投資の受け入れも、改革開放によって本格化した。近年では、毎年、1000億ドル規模の直接投資を世界から受け入れている。中国は長い間、直接投資の受け入れを増やしてきたが、中国から世界への直接投資はわずかであった。しかし、2000年代に入って、「走出去」と呼ばれる積極的な対外直接投資の促進策を採るようになり、その結果、近年は直接投資の受け入れと同じような規模の金額を、世界に直接投資するまでになった。この背景には、中国企業が輸出を通じて得た外貨が蓄積されたことと、経済成長の中で中国企業が実力をつけたことに加え、米国との貿易における中国側の多額の黒字に対し、米議会などが人民元の切り上げ圧力を強めたことがある。

■米中貿易不均衡で人民元に切り上げ圧力

米国は中国の最大の輸出先である。15年の中国の米国向け輸出は4095億ドルで、中国の輸出全体の18・0％を占めた。一方、同年の中国の米国からの輸入は1487億ドルで、輸入全体の8・8％を占めるにとどまり、輸入額は輸出額の3分の1強にしかすぎない。中国からは米国へ機械・電気機器や、玩具・家具を中心にした雑品などが輸出されている。中国は米国から機械・電気機器や自動車・自動車部品と航空機・航空機部品を中心にした輸送用機器などを輸入しているが、輸出に比べて輸入の規模は小さい。米国との貿易による貿易黒字は、中国の貿易黒字全体の4割強を占めている。こうした貿易不均衡は、中国が人民元の対ドルレートを元安に抑えているためだとして、米議会は中国に対して人民元の切り上げ圧力をかけてきた。

中国としては、「走出去」政策によって、貿易黒字を溜め込んでいるだけではなく、積極的に対外投資していることをアピールする狙いがあった。

中国では、改革開放の当初は外貨が不足していたことから、企業が輸出によって得た外貨は、いったん国家が吸い上げる方式をとっていた。しかし、次第に外貨の蓄積が進むにつれて、こうした慣習はなくなり、企業も外貨を蓄積するようになった。

こうして、中国は貿易や投資を通じて、世界と巨額の資金をやり取りする経済大国になっていった。

中国の外貨準備は、貿易黒字と直接投資の受け入れによって膨らんできた。06年に初めて1兆ドルの大台に乗せた外貨準備は、14年6月に4兆ドルまであと一歩に迫り、ピークをつけた。その後は減少したが、依然3兆ドル台を維持して、日本の外貨準備の3倍の規模を保っている。外貨準備の大半はドルで運用されており、中でも米国債の保有額は1兆ドルを超し、中国は世界最大の米国債保有国となっている。外貨準備の中身がドルに偏っていることについて、中国国内では運用先を分散すべきであるという意見があり、一部はユーロなどドル以外の通貨に振り分けている。しかし、運用の中心はドルであり、中国にとっては、ドルの価値が低下すると外貨準備が目減りするという問題がある。また、中国は米国との貿易で黒字を溜め込み、蓄積された外貨で米国債を購入して米国の借金を支えているという相互依存関係ができあがっている。

■中国周辺国家との間に「人民元経済圏」

中国の貿易は長い間、ドルなどの外貨によって決済されてきた。しかし、ベトナムやラオス、ミャンマーなどの国境を接する国々との間で行われている、比較的規模の小さい「辺境貿易」では、段階的に人民元による決済が浸透してきた。これらの国々の中国との国境近辺では、人民元が流通するようになっており、「人民元経済圏」が形成されてきている。

一方、規模の大きい通常の貿易でも、中国企業の間で、為替リスクを避けるために人民元による決済を求める声も出てきた。中国政府は09年4月に、上海、広州、深圳、珠海、東莞の5都市を指定して、これらの都市で貿易の人民元決済を試験的に始めた。11年には、全国的な範囲で人民元による決済を認めている。貿易決済に人民元の使用を認めたことで、中国は人民元の国際化に大きく踏み出した。

人民元の為替レートは、変遷をたどってきた。改革開放に踏み切った直後の80年から94年までの間、人民元には、公式レートのほかに、貿易決済に使われるレートが存在し、二重レート制度であった。97年に発生したアジア通貨・金融危機に際して、中国は人民元を切り下げることなく乗り切り、当時の朱鎔基首相は、中国が世界の通貨安定に寄与した、と胸を張った。朱鎔基は、副首相時代の93年から95年にかけて中央銀行である中国人民銀行の総裁を兼任している。

■対ドルペッグ制から「管理変動相場」に

94年以降、人民元は対ドルでペッグ（連動）制を採った。対ドル相場は1ドル＝8・27〜8・28元で固定していた。

05年7月に、人民銀行は、人民元のドルに対するペッグ制をやめ、通貨バスケットを参考にした「管理変動相場」に移行すると発表した。同時に、対ドルレートを1ドル＝8・11元として、実質的に2％切り上げた。人民銀行は、通貨バスケットの中身を公表していないが、中国の最大の輸入先である欧州連合（ＥＵ）の通貨ユーロやポンド、円が入っているものとみられる。

「管理変動相場」とは、人民銀行が毎日発表する「基準値」に対して、一定の幅での変動を許容するという制度である。人民銀行は、許容する変動幅を、段階的に広げてきた。07年5月には、変動幅を0・3％から0・5％として、さらに12年4月には、1％にまで拡大した。14年3月には変動幅を2％まで広げている。人民元の「管理変動相場」への移行と、変動幅の拡大は、人民元が国際通貨として認められるために、ＩＭＦが求めていた為替相場の透明性を高め、ＳＤＲ構成通貨への人民元の採用を目指す動きの一環であった。

人民銀行は15年8月に、「基準値」の決定方法を改定することを発表した。より市場の動向を反映するため、前日の市場の終値を参考にすることにした。この結果、改定した日に「基準値」は前日より2％近く下落して、「人民元を切り下げ」と報道された。しかし、人民銀行の意図は人民元の切り下げではなく、「基準値」の決定方式をより市場の実態を反映したものに改めることであり、これは、IMFの求める市場化の方向への改革を進めることによって、人民元のSDR構成通貨への採用の環境を整えることにあった。この改定の3カ月後に人民元はSDRの構成通貨に採用されている。

人民元の為替相場制度の変遷をたどると、世界の通貨と切り離されたローカル通貨から、いったんドルにペッグして、その後、ドル離れを起こしていく過程とみることができる。

■「SDRを準備通貨に」と訴えた「ミスター人民元」

「ミスター人民元」の異名をとる人民銀行の周小川総裁は、リーマン・ショック後の09年3月に、「国際通貨体制改革に関する考察」と題する論文を発表した。この論文では、特定の国の通貨が「準備通貨」（基軸通貨）となっていることによって、その通貨を発行する国が自国の利益を優先させるため、その政策によって世界経済が不安定化する恐れがあることを指摘している。リーマン・ショックは、ドルが準備通貨であることの帰結であり、ドルに代わる準備通貨が必要である、として、ＳＤＲを準備通貨にすべきである、と主張している。現状では、ＳＤＲは他の通貨のように、貿易などの決済には使えないが、周総裁は、ＳＤＲが貿易や金融取引に使えるようにしていくべきである、としている。また、ＳＤＲを構成する通貨バスケットに、新興国の通貨も加えるべきである、と述べ、その際に、その通貨を発行する国の経済規模を考慮すべきである、としている。

この論文は、中国の為替政策がドル離れしていくことを明確にした上で、ＳＤＲの構成通貨への人民元の採用を求めたものとして、注目を浴びた。

■人民元建て債券の発行で人民元の国際化へ地ならし

中国は人民元の相場形成におけるドル離れとともに、人民元のＳＤＲ構成通貨入りに象徴される人民元の国際化を進めていく考えである。その場合、人民元を保有する投資家などが人民元を運用する対象がなければ、人民元の国際化は進まない。人民銀行が人民元の相場設定を「管理変動相場」に移行した２０００年代半ば以降、中国本土以外の市場で、中国の銀行や政府、海外の企業などによる、人民元建て債券が発行されるようになった。香港市場では、07年に中国の政策性銀行である国家開発銀行が初の人民元建て債券を発行した。09年には、香港上海銀行（ＨＳＢＣ）と東亜銀行が続いている。10年には、マクドナルドが外資系企業として初めて人民元建て債券を発行した。同年、米キャタピラーも続き、11年には、オリックスが日本企業として初めて人民元建て債券を発行した。香港では、10年に中国財政省が人民元建て国債を発行した。

国家開発銀行の人民元建て債券や財政省による国債の発行は、中国政府として、人民元の国際化に向けて、海外の投資家に人民元で運用する商品を提供することを目的にしている。一方、外資系企業にとっては、香港市場を通じて、中国本土でも自社の知名度を高めるとともに、債券発行によって調達した人民元を、中国本土での事業展開に充当する狙いもある。

香港市場に続いて、英国でも人民元建て債券が発行された。英政府は、14年に西側の国家として初めて、ロンドンで人民元建ての国債を発行した。英国は、人民元建て国債の発行を通じて、中国との経済関係を強めるとともに、世界の金融センターであるロンドンで人民元建て債券の取り扱いにも乗り出し、金融センターとしての機能を高める狙いもあった。

日本では、三菱東京ＵＦＪ銀行が15年に東京市場で初の人民元建て債券を発行している。同行は、日本に先立って、14年に香港でも人民元建て債券を発行している。

こうして、人民元は、相場形成におけるドル離れと、国際化を着々と進めている。ただ、人民元が真の意味で国際化するには、貿易決済などで人民元が利用されるようになっていくことが必要である。貿易決済については、中国政府は09年に、香港との間で、人民元による貿易決済を認めている。貿易決済のほか、世界の投資家が人民元を運用先として選択するようになっていくこととともに、最終的には、人民元の相場が市場の需給によって決まるようになることも必要になる。現在の「管理変動相場」から完全な変動相場への移行である。

■完全な変動相場制への移行は共産党と政府が決める

人民元が完全な変動相場に移行する時には、資本取引が自由化されなければならない。しかし、現状では、中国の株式市場は、海外の投資家にとって、「適格国外機関投資家」（ＱＦＩＩ）を通じた、ごく限られた枠内での投資しか認められていない。これは、投機的な資金の流出入によって、株式相場が乱高下することを防ぐためである。人民元の完全な変動相場への移行には、株式市場の海外投資家に対する規制を取り払い、日本や欧米などの株式市場と同様に、海外投資家が自由に売買できるようにしなければならない。

ただ、中国政府は、97年に発生したアジア通貨・金融危機が、投機的な資金の流出入によって引き起こされたことを目の当たりにしている。このため、資本規制の撤廃には慎重にならざるを得ない。長期的には、海外投資家が中国の株式を売買できる枠を段階的に増やしていき、最終的には、資本取引を自由化する道筋をつけていくことが考えられる。しかし、中国では、日本や欧米などと違って、中央銀行である人民銀行が政府から独立した機関ではないことに注意が必要である。人民銀行は政府の一機関であり、総裁は首相が任命する。資本取引の自由化や人民元の完全な変動相場への移行は、人民銀行の決断ではなく、中国共産党と政府が決めることである。共産党と政府がどのような判断をしていくかが注目される。

第8章

中国に振り回されない

■あり得ない「中国発の世界同時株安」

15年夏に、上海総合株価指数が急落した際、「中国発の世界同時株安」ということが言われた。しかし、この言い方はおかしい。なぜなら、中国の株式相場は15年夏に急落する直前まで、急騰していた。この急騰局面では、「中国発の世界同時株高」は起こらなかった。もし、世界の投資資金が、日本や欧米の株式市場の間で自由に売買できるように、中国の株式市場との間でも自由に取引されていたら、あたかも水が高いところから低いところへと流れるように、株式市場の間で裁定がなされるはずである。例えば、米国の株式相場が上昇して、日本の株式市場に相対的な割安感が出てくれば、投資家は割安な日本株に投資して、日本株は値上がりする。逆に、米国の株式相場が下落して、日本の株式相場に割高感が出れば、日本株も売られて下落することになる。中国の株式相場が急騰する場面で、日本や欧米の株式相場が上昇しなかったのは、こうした資金の流れがないことを意味する。

中国の株式市場は、海外の投資家に対して限られた枠内でしか開放されていない。日本などの投資家は、「適格国外機関投資家」（ＱＦＩＩ）という機関を通じて、中国の株式を売買できるが、その枠はごく限られている。海外投資家の売買がごく少ない上に、中国では、生命保険会社などの機関投資家がまだ十分に育っていない。売買の中心は個人投資家である。しかも、中国の個人投資家は、上場企業の業績や景気動向などにはほとんど関心がなく、もっぱら市場の噂を頼りに株式を売買している。株式相場が下落すれば、最後は政府が救済に乗り出してくれるだろう、と考えている。

日本や欧米では、個人投資家に加え、機関投資家や海外の投資家が、企業業績や景気動向、それに海外市場の動向なども見据えながら、それぞれの相場観に基づいて株式を売買している。こうした取引を通じて、これらの国の株式市場では、こなれた株価形成がなされていく。それに対して、個人の取引が中心の中国の株式市場では、相場動向が一方通行になりやすい。

このように、海外の市場と資金面でのつながりがなく、相場形成の要素も違う中国の株式市場が動揺したとしても、それが「中国発の世界同時株安」につながる、という捉え方はおかしい。では、中国の株式相場の急落に、日本の株式市場が神経質になったのは、なぜだろうか。

中国の株式相場が15年夏に急落した時点では、中国経済の減速傾向は既に明確になっていた。このため、目先の中国経済の状況が良くない、という受け止め方が広がったということは考えにくい。ただ、株式市場には先見性があると言われる。日本の株式市場は、中国経済の低迷が目先だけではなく、もっと中長期的に続く低迷に入ったのではないか、と受け止めたのかもしれない。

■「中国当局は市場と対話せよ」には無理

中国の株式相場が急落した際、日本の新聞には、「中国当局は市場と対話するべきである」という論調が載った。しかし、これは中国の現状を踏まえていない主張である。日本や欧米では、中央銀行のトップが定期的に記者会見して、金融政策や為替動向に関する見解について語っている。株式市場や為替市場の参加者は、この会見での発言を聞いて、時には敏感に反応する。

しかし、中国の株式市場は参加者の大半が個人投資家であり、しかも、その個人投資家の関心事は、株式投資をめぐる噂と、相場が下落した時に政府が救済してくれるかどうかである。中央銀行である中国人民銀行の金融政策や為替政策にはほとんど関心がない。これらの政策は投資判断の要素にはならないのである。為替相場は「管理された変動相場制」であり、人民銀行が提示する基準値から一定幅での変動しか認められていない。

一方、人民銀行は日本や欧米と違って、政府から独立した機関ではない。あくまで政府の一機関であり、総裁は首相が任命する。人民銀行には、貨幣政策委員会（金融政策委員会）が置かれていて、メンバーにはエコノミストも入っている。しかし、最高意思決定機関である日銀の政策委員会と違って、人民銀行の貨幣政策委員会は、金融政策について参考意見をまとめる機関にしかすぎない。中国では、金融政策の決定過程は不透明である。日本や欧米と違って、人民銀行総裁の定例記者会見はないし、金利や預金準備率の変更などの重要な政策が決定された時も、それに伴う記者会見があることはまれである。このような現状で、「中国の当局は市場と対話をすべきである」と主張するのは無理がある。

中国経済をめぐっては、日本のエコノミストの間で中国の統計に対する疑問の声があがっている。中国の国内総生産（ＧＤＰ）統計は水増しされているのではないか、というのである。しかし、中国国家統計局のＧＤＰ統計の作成は、国際通貨基金（ＩＭＦ）が指導している。ＧＤＰ統計が速報された後、指標を精査して改定値を発表するところは、日本や米国などと同じである。ただ、気がかりなのは、近年、国家統計局長が相次いで汚職で摘発されていることである。

■外需の観点が欠けた「李克強指数」

日本のエコノミストなどの間では、中国国家統計局のＧＤＰ統計よりも、「李克強指数」の方が経済実態を反映している、という見方がある。「李克強指数」とは、李克強首相が遼寧省党委員会書記であった04年～07年に、経済状況を判断する上で基準にしていたとされるもので、鉄道貨物輸送量と銀行融資残高、それに電力消費量によって算出する。

しかし、「李克強指数」は、地方の省レベルの経済動向を見る上では参考になるかも知れないが、一国の経済を判断する上では適切ではない。「李克強指数」には外需の観点が欠けているからである。李克強自身も、13年３月に首相に就任してから、「李克強指数」に言及していない。

中国は世界最大の貿易大国である。その経済状況は輸出入の動向に左右される。15年は輸出入ともに前年比マイナスであったが、輸入の減少幅が輸出よりも大きかったため、貿易黒字が５９４５億ドルと前年よりも２１２０億ドル、率にして55％拡大して、経済成長を下支えした。輸出の減少は、中国製品に対する世界の需要の低迷によるところが大きかったが、輸入の減少は、原油価格の下落による影響が大きかった。15年の原油のトン当たり平均輸入価格は４割以上下落し、原油輸入量が８・８％増えた一方、輸入額は９３８億ドル減少した。この減少額は貿易黒字の拡大幅の44％に当たった。このような動きが、「李克強指数」には反映されない。

■第２次産業を上回る第３次産業の伸び

中国のＧＤＰ統計が水増しされているのではないか、という日本のエコノミストなどの疑問の中には、発表されたＧＤＰの伸びが、生産現場などの実態とかけ離れている、という声がある。これについては、中国経済の構造が変化していることに注意する必要がある。

15年のＧＤＰの伸び率は６・９％だった。このうち、第２次産業の伸びは６・０％にとどまったが、第３次産業は８・３％伸びている。国家統計局のＧＤＰ統計が水増しされている、というエコノミストなどは、第２次産業の生産現場の実態が、ＧＤＰの伸び率よりも低迷しているのではないか、と考えるが、確かに第２次産業の伸びは低くなっている。これに対して、第３次産業の伸びが高いのは、ネット通販が３割以上の伸びを示したことが大きい。

中国では、70年代末に改革開放に踏み切る前の計画経済時代には、サービス産業の振興はほとんど顧みられることがなかった。モノの生産量は計画によって決められ、国営百貨店などは、ただ、その商品を販売するだけの役割しか考えられなかった。改革開放に踏み切ってからは、段階的な市場経済化を経る中で、個人経営の商店なども含めてサービス産業の役割が重視されるようになり、サービス産業も競争の中で発展するようになってきた。

こうした中で、15年のＧＤＰに占める第３次産業の割合は50・５％と初めて５割を超えた。第２次産業の比重は40・５％だった。中国における第３次産業の割合は、日本や欧米の７〜８割程度と比べると、まだ低い。しかし、ネット通販など新しいサービスに対する人々の需要の高まりを背景に、第３次産業は今後も第２次産業よりも高い成長を示す可能性がある。中国経済を見る際に、この点に注意が必要である。

■大型景気対策の副作用を教訓にしている習・李指導部

中国経済は、08年に起きたリーマン・ショックで輸出が落ち込み、09年第１四半期のＧＤＰ伸び率は前年同期比６・２％まで低下した。経済成長の急減速に直面して、当時の胡錦濤総書記・温家宝首相の指導部は、２年間で４兆元という大型の景気対策を打ち出した。高速道路や鉄道、港湾や空港などのインフラ整備に投資して、中国経済はＶ字型の回復を果たした。

しかし、4兆元のうち、中央政府の支出は1兆1800億元にとどまり、残りは地方政府が負担した。地方政府は銀行から直接借り入れることはできないことになっている。このため傘下の「地方融資平台」（「平台」はプラットフォームの意味）という会社を使って資金を調達した。こうして調達した資金で投資したプロジェクトの中には、採算の悪いものもあり、「地方融資平台」の債務が返済されないという問題が発生した。また、一部の債務を借り替える際に、「理財商品」（「理財」は財テクの意味）と呼ばれる高利を約束した商品で投資家から資金を集めるなどの、銀行監督当局の管理が及ばない「影の銀行」の膨張を招いた。

一方、大型景気対策の資金は、インフラ整備のほかに、企業の設備投資にも充当された。中国では、リーマン・ショックが発生する前から、鉄鋼やセメント、アルミなどの業種で、生産能力が需要を上回る問題が提起されていたが、これらの業種の過剰生産能力を解消する課題はリーマン・ショックによる中国経済の落ち込みで棚上げされた。さらに、4兆元の景気対策によって、こうした業種でも住宅向けなどの需要が拡大して、増産投資が実施され、生産能力は一段と増大した。

リーマン・ショック後の大型景気対策によって、地方の債務問題が深刻になり、鉄鋼などの過剰生産能力が一段と増えてしまったことを教訓にして、習近平総書記・李克強首相の指導部は、13年後半からの景気減速に対しても、総需要をむやみに膨らませない方針を採っている。習・李指導部の対応は、構造改革によって、中国経済を中長期的な安定成長の軌道に乗せようというものである。この面から見れば、足元の景気減速は指導部の「意図した」減速と言うことができる。

■労働力人口の減少で潜在成長率が低下

リーマン・ショックの後、大型景気対策でV字型の回復を見せた中国経済が、再び減速しているのは、労働力人口が減少しているからである。中国では、70年代末に改革開放に踏み切って以来、長期間にわたって労働力人口の増加が潜在成長率を押し上げ、結果的に高度経済成長を続ける「人口のボーナス」を享受してきた。ところが、改革開放政策と同時に採用した「一人っ子政策」によって、長年、一組の夫婦が出産する子供を一人に制限してきた結果、少子高齢化が進み、労働力人口は減少し始めている。

15歳から59歳までの労働力人口は12年に減少に転じた。その後、減少が続いている。減少幅は、12年に３４５万人、13年に２４４万人、14年は３７１万人で、15年も４８７万人減少した。労働力人口が総人口に占める比率は、12年の69・2％から15年には66・3％と2・9ポイント低下している。

労働力人口の減少によって、中国の潜在成長率は低下している。政府系シンクタンクである中国社会科学院のエコノミストによると、足元の潜在成長率は既に6％台に下がっており、中期的には5％台に低下するとみられている。

長期的に労働力人口が減少し続けることを懸念した中国政府は、長く続いた「一人っ子政策」を変更して、16年1月から一組の夫婦が二人の子供まで出産することができる「二人っ子政策」に転じた。しかし、「一人っ子政策」のもとでも、農村や少数民族地区では二人目の子供まで出産できることが認められてきた上に、北京や上海などの大都市では、教育費の高騰などから、「二人っ子政策」が導入されても、実際には第二子を出産しようという夫婦は少ないとみられている。このため、「二人っ子政策」によって、労働力人口の減少に歯止めがかかるかどうかは不透明である。

■景気減速でも有効求人倍率は1以上を維持

潜在成長率の低下を裏打ちするのが、実際の経済成長と労働力の需給を示す有効求人倍率の推移である。リーマン・ショック後に景気が落ち込んだ際、有効求人倍率は08年第３四半期に０・85倍まで低下して、１を大きく下回った。その後、大型景気対策の効果で、10年第１四半期に、求人数が求職者数を上回る１以上を回復した。そして、13年後半以降の景気減速局面でも、有効求人倍率は１以上を維持している。この背景には、労働力人口が減少しているほか、リーマン・ショック後の景気対策で発展が遅れていた中西部に集中的な公共投資が実施され、この地域での雇用が拡大したことや、農村での職業訓練の普及によって、農村での余剰労働力が職に就いていることなどがある。

実際の成長率が潜在成長率を下回っていれば、失業が拡大する可能性が大きい。しかし、成長率が緩やかに低下する中で、有効求人倍率が１以上を維持していることは、潜在成長率が低下して、これに沿って実際の成長率も下がっていると考えられる。

実際、リーマン・ショック後は沿海部を中心に輸出型企業の倒産が相次ぎ、農村からの出稼ぎ労働者が大量に失職して農村に帰郷し、指導部をあわてさせた。これが大型景気対策の発動につながった。これに対して、13年後半以降の景気減速局面では、有効求人倍率が１以上を維持しているのを反映して、大規模な失業は発生していない。これが、習・李指導部が総需要拡大政策を採らず、構造改革によって中期的な安定成長にもっていこうとしている背景にある。

■金融政策の余地は狭く

ただ、景気減速が長引く中で、政府の採れる政策は限られてきている。人民銀行は景気減速に対応して、14年11月以降、預金・貸出基準金利を6回にわたり引き下げ、5回にわたって銀行が人民銀行に強制的に預けさせられる比率である預金準備率を引き下げた。度重なる利下げによって、1年ものの預金基準金利は既に1・5%と、消費者物価上昇率を下回っている。これ以上、預金金利を引き下げると、銀行にお金を預けているよりも、値上がりが見込める商品に投機した方が、利益が出ることになり、預金が流出しかねない。実際、商品への投機が珍しくない中国では、過去にニンニクが投機の対象になったことがあった。

人民銀行はまた、15年10月の利下げに際して、商業銀行が決定する預金金利について、人民銀行が決める預金基準金利からの上限を撤廃し、預金金利の設定を自由化した。既に貸出金利については、貸出基準金利からの下限が撤廃されており、貸出に続く預金の金利設定の自由化によって、商業銀行の金利設定は完全に自由化した。

中国の金融政策は、従来、人民銀行が直接、商業銀行の預金・貸出金利を変更することによって金利を動かしてきた。人民銀行は金利の自由化を目指して、預金については基準金利からの上限を、貸出は基準金利からの下限をそれぞれ定め、その範囲での設定を商業銀行に認めてきた。基準金利からの上限と下限の幅を段階的に広げ、最終的にこの制限を撤廃したことで、基準金利は象徴的な意味を持つものに変わった。

人民銀行は、金融政策の手段について、預金・貸出金利を動かすことから、銀行間の取引金利を政策金利にしていこうとしているとみられる。具体的には上海の銀行間取引における1週間ものの金利を指標として、これを誘導することを金融政策の手段にするように考えているようだ。しかし、こうした政策手段の移行はまだ実現していない。

度重なる利下げで、金利がこれ以上下げにくい水準まで下がっていることに加えて、預金準備率の引き下げで銀行が貸出に回せるお金が増え、既に局所的なバブルと呼べる現象が起きている。中国国家統計局は毎月、70大中都市の不動産価格指数を発表しているが、深圳では16年3月から4月にかけて不動産価格指数の上昇が、前年同月比６割を超える異常な高騰を記録した。資産価格の高騰は、経済の不安定要因となりかねない。

こうしたことから、人民銀行は金融政策について、これ以上の緩和は難しいとの認識を表明している。16年3月に開いた全国人民代表大会（全人代、国会に相当）の期間中に開いた記者会見で、人民銀行の周小川総裁は、「国際的に、または国内で大きな経済・金融ショックが起きない限り、穏健な金融政策を維持する。過度な金融政策の刺激により成長目標を実現する必要はない」と明言した。

■減税を中心にした財政政策で景気浮揚を目指す

このように、金融政策の余地が狭くなる中で、政府は財政政策を積極化させている。李首相は16年3月の全人代での政府活動報告で、16年の財政赤字を2兆1800億元と前年より5600億元拡大し、財政赤字のGDP比率を3％に引き上げることを表明した。ただ、リーマン・ショック後の大型景気対策が、地方の債務増大と鉄鋼などの過剰生産能力問題を深刻化させた反省から、大規模な公共投資などは打ち出さず、企業向けの減税で企業の活力を引き出すことを目指している。減税の目玉は、仕入税額の控除がない営業税から控除のある増値税への改正である。既に一部の業種で実施していた、この課税方式の変更を全業種に押し広げ、企業と個人の税負担を5000億元余り軽減するとしている。こうした減税措置が景気浮揚につながるかどうかは、実際に税負担が軽減するか、に加えて、税負担が軽減した分を企業が前向きな事業展開に充当するかどうかにかかっている。

■持ち越された問題に取り組む「供給サイドの構造改革」

減税を中心とした積極的な財政政策に加えて、李首相は全人代での政府活動報告で、「供給サイドの構造改革を強化し、持続的な成長の源泉を強くする」と強調した。「供給サイドの構造改革」とは、リーマン・ショック後の大型景気対策によって増幅された鉄鋼などの過剰生産能力を解消し、総需要を大きく膨らませることをしないで、安定的な経済成長の路線に乗せていくことを目指している。

過剰生産能力の解消では、鉄鋼と石炭の２業種を重点に指定した。特に鉄鋼では、粗鋼生産能力を１億～１億５０００万トンと、日本の粗鋼生産を上回る規模で削減する方針を示した。鉄鋼と石炭の２業種の過剰生産能力の削減によって、合計１８０万人の失業者が見込まれるという。

李首相は全人代での政府活動報告で、構造改革の一環として、「ゾンビ企業」の淘汰も打ち出した。「ゾンビ企業」とは、赤字を垂れ流しながら、地方政府の補助金や銀行融資によって生き延びている企業を指す。李首相の政府活動報告では、「ゾンビ企業」について、「合併や再編、債務の再編、あるいは破産・清算などの措置を講じて、積極的かつ穏当に処理する」としている。

しかし、「ゾンビ企業」という言い方こそ新しいが、赤字を垂れ流しながらも存続している企業の問題は、最近になって浮上したことではない。ゾンビ企業の淵源をたどると、90年代に国有企業改革が本格化した中で、中央政府が管理する非効率な国有企業の淘汰は進んだが、地方政府は雇用と税収の確保を目的に、自ら管理する国有企業に補助金を出して存続させてきた。また、90年に証券取引所が開設された当初、上場企業の選定枠を地方政府に割り当てたことも利用してゾンビ企業の存続を図ってきた。

ゾンビ企業については、地方政府の補助金だけでなく、銀行融資も存続を助けてきた。中国では、中国工商銀行、中国建設銀行、中国銀行、中国農業銀行の4大商業銀行が大きなシェアを握るが、これら大手行の支店の人事には、伝統的に地方政府が介入してきた。このため、大手行は地方政府が管轄する国有企業などには、厳密な審査を経ずに融資をしがちである。

鉄鋼などの過剰生産能力の問題も古くからのものである。リーマン・ショックの前から鉄鋼やセメント、アルミなどの業種の過剰生産能力は問題になっていたが、リーマン・ショック後の大型景気対策で棚上げにされ、さらにこれらの業種の設備投資が景気対策で活発化したことから、問題は一段と深刻になった。特に鉄鋼では、国家発展改革委員会などが、何度も老朽化した設備を淘汰するように求める文書を出したが、雇用と税収を優先する地方政府が無視してきたため、過剰生産能力の解消は進まなかった。

鉄鋼産業の過剰生産能力は、国内だけでなく海外にも影響を及ぼしている。中国の鉄鋼メーカーは国内で売りさばけなかった鋼材を安値で大量に輸出し、その結果、海外での鋼材の相場が下がり、日本や欧米の鉄鋼メーカーの収益を圧迫している。このため、日本や欧米は中国に鉄鋼の過剰生産能力の解消を急ぐように迫っている。

このように、「供給サイドの構造改革」や「ゾンビ企業」の淘汰と言っても、言葉こそ新しいが、以前から存在している問題を改めて提起しているにすぎない。こうした問題が解決されなかった根っこには、中央政府の方針に面従腹背で対応してきた地方政府の態度がある。李首相の政府活動報告でも、地方幹部の中に中央の政策を実施しなかったり、不作為が見られると指摘している。今回は政府の決意が固いからといって、こうした問題の解決が進展するとは限らない。

■政治的な「6・5～7%」成長目標

仮に、過剰生産能力の解消や「ゾンビ企業」の淘汰が進展した場合は、雇用が問題になる。政府は1000億元の資金を充てて、失業者の再就職を支援するとしている。ただ、失業の懸念がある労働者の中には若くはない人たちも多くいるとみられ、再就職は簡単ではないかも知れない。再就職までの間は、失業した人たちの所得が減り、消費の減退を通じて、経済成長の下押し圧力になる。構造改革の対象になった業種の投資は減ることになるので、投資の低下も経済成長にはマイナスの要素である。

中国政府が取り組もうとしている構造改革は、地方政府の抵抗によって中途半端に終わるリスクがあり、進展した場合は経済成長にとって一時的な重荷になる可能性がある。

中国政府は、16年のGDP伸び率の目標を6・5～7％と設定した。中国が経済成長の目標に幅を持たせるのは異例であり、目標設定が極めて政治的なものであることを物語っている。15年は「7％前後」の目標に対して、実績が6・9％だった。計画経済時代の中国では目標（ノルマ）は常に上回って達成されるべきものであった。こうした時代の〝慣性〟が残っている中国では、「前後」がついているから実質的に目標の範囲内とはいえ、「7％」という数字を実績が下回るのは異例であった。

16年3月の全人代では、16年の経済目標のほか、16～20年の第13次5カ年計画が発表された。計画期間中は、毎年6・5％以上の成長を目標にしている。この数字は、20年にGDPと都市・農村住民の平均可処分所得を10年の2倍に拡大するという、中国共産党の「公約」

を実現するために必要な成長率とされる。ＧＤＰと所得の倍増計画は、第13次５カ年計画の重点政策である貧困からの脱却に欠かせない、と認識されている。習総書記が15年11月に行った第13次５カ年計画に関する説明によると、中国の基準で２８００元としている貧困ラインより年収の低い貧困人口は、14年末で７０００万人余りに上る。これは総人口の５％に相当する。これだけの人口を貧困から脱却させるためには６・５％以上の比較的高い成長が必要とされるわけである。

そこで、第13次５カ年計画初年度にあたる16年は、まず６・５％を上回る成長を達成しなければならない。しかし、目標を「６・５％」とした場合、15年のように実績が目標を下回れば、「公約」の実現が見通せなくなる。また、地方政府の役人に対しては、高めの成長目標を示す必要がある、という政治的判断も働いたとみられる。こうして、６・５～７％と、やや高めの成長率まで幅を持たせた目標設定になった。

しかし、労働力人口の減少によって潜在成長率が低下する中で、相次ぐ利下げや預金準備率の引き下げで金融政策の余地は乏しくなり、リーマン・ショック後の大型景気対策の副作用への反省から、習・李指導部は大規模な公共投資の実施などの財政出動で内需を大きく膨らませることには慎重である。経済政策の選択の幅は既に狭くなっている。李首相は16年３月の全人代での政府活動報告で、「今、ＧＤＰを１％増やすのは、５年前の１・５％、10年前の2・5%に相当する。経済規模が大きくなるにつれて、成長の難しさが増している」と述べ、高めの成長の維持が難しいことを認めている。

■「公約」の6・5%成長を下回れば李首相の責任論が浮上も

こうした中で、焦点は、まず16年の実際の経済成長が6・5~7%という目標をクリアできるかどうかになってくる。そして、16年の成長目標が達成できた場合でも、今度は17年の成長目標をどう設定するか、という問題がある。17年は秋に第19回党大会の開催が予定され、共産党にとっては重要な年である。第19回党大会では最高指導部である政治局常務委員の大半が入れ替わる予定である。この人事は、2期10年間の任期の折り返し点を迎える習総書記の後任をめぐり、その候補が見えてくる、重要なものになる。

中国共産党は、第13次5カ年計画で掲げた「公約」の縛りがあるため、17年の成長目標も6・5%より高く設定しなければならない。成長目標を6・5%より低くすることは、GDPと所得の倍増という「公約」を放棄することになるからである。

しかし、17年の実際の経済成長が6・5%を下回った場合にどうするか、という問題がある。そうなった場合に、李首相の責任論が浮上する可能性がある。中国では、5年に1回の共産党大会は秋に開かれる。これに対して、全人代は毎年春に開かれる。党の重要人事は17年秋の第19回党大会で決まるが、仮に、17年の実際の経済成長が「公約」である6・5％を下回った場合は、18年春の全人代で李首相が交代する可能性もあることを考えておく必要がある。

もちろん、首相が交代したからといって、それによって経済成長の見通しが直ちに上向くことは考えにくい。ただ、中国では、共産党がいったん掲げた目標は絶対視される。20年まで6・5％以上の成長を続けるという「公約」は重いのである。もし、17年の実際の経済成長が6・5％を下回り、それによって李首相が責任をとって辞任するようなことになれば、中国は経済成長の低下とともに、内政の不透明感も増し、国際社会は中国の将来に対して不安を抱くようなことにもなりかねない。

17年の経済成長の実績が6・5％を下回ったとしても、それが潜在成長率の低下に沿ったものであれば、有効求人倍率は1を下回らないであろう。経済成長率が低下しても、大量の失業が発生することはなく、社会不安が起きる心配はないであろう。経済運営の上からは問題がないといえる。しかし、共産党が「公約」とした6・5％以上の成長目標を下回ることは、共産党として容認できないのである。このように、6・5％以上の成長目標は経済運営の足かせになってくる。

■切っても切れない日本と中国の経済関係

財務省の貿易統計によると、15年の日本の中国向け輸出は、輸出全体の17・5％を占めた。中国からの輸入は輸入全体の24・8％に上っている。特に、中国からの電算機類の輸入は、日本が輸入した電算機類全体の75・4％に達し、輸入電算機類の4分の3は中国製になっている。

日本企業は70年代末の改革開放以来、繊維や電気機械、自動車などの製造業をはじめ、小売りなどの流通や物流など、幅広い業種で中国に投資してきた。合弁企業や単独進出などの形で、多くの企業が中国で事業展開している。日本経済は中国経済と切っても切れない相互依存関係を構築している。

このように中国と深い関係にある日本にとって、中国経済の現状と展望を冷静に見極めていくことは重要である。もちろん、中国の成長率が低下していっても、サービス産業は相対的に高い成長を維持していくであろうし、その中でも、ネット通販などのように、今後も高い伸びが期待できる分野もある。そうした面も含めて、中国経済の実態を客観的に知っておくことが大切である。

[た行]

[な行]

[は行]

[ま行]

[や行]

[ら行]

索　引

（中国語の地名・人名等は日本語読みで収録しています）

著者紹介

室井《むろい》　秀太郎《ひでたろう》

日本経済研究センター主任研究員。1954年生まれ。76年東京外国語大学中国語科卒、同年日本経済新聞社入社。87～90年、北京、上海駐在記者。02年から現職。著書に『上海新世紀』（日本経済新聞社、92年8月）、『不思議な経済大国中国』（日本経済新聞出版社、10年1月）。

中国経済を読み解く

――誤解しないための8つの章――

二〇一七年一月五日　第一版第一刷発行

検印省略

著　者　室井秀太郎

発行者　前野　隆

〒162-0041　東京都新宿区早稲田鶴巻町五三三

発行所　株式会社　文　眞　堂

http://www.bunshin-do.co.jp/

電　話　〇三－三二〇二－八四八〇番

FAX　〇三－三二〇三－二六三八番

振　替　〇〇一二〇－二－九六四三七番

組版　アクト・アイン

製作　モリモト印刷㈱

ISBN978-4-8309-4928-9　C0033